Huiles et vinaigres

Des *origines* à *votre* table

ÉDITION DU CLUB QUÉBEC LOISIRS INC.
© Avec l'autorisation des Éditions du Trécarré, 2000

Dépôt légal - Bibliothèque nationale du Québec, 2000
ISBN 2-89430-450-1
(publié précédemment sous ISBN 2-89249-974-7)

Table des matières

Introduction

Savez-vous que l'huile de canola, que vous utilisez régulièrement dans la confection de vos vinaigrettes, a contribué à l'effort de guerre pendant la Deuxième Guerre mondiale ? Vous êtes-vous demandé pourquoi le vinaigre balsamique, que vous versez parcimonieusement sur vos tomates, s'appelle ainsi ? Croiriez-vous que l'huile d'olive, comme celle dans laquelle vous faites mariner vos viandes, a déjà été destinée à l'hygiène corporelle ? Pouvez-vous imaginer qu'on peut dissoudre des perles dans le vinaigre ? Connaissez-vous le vinaigre *su* ? Vous trouverez des réponses à ces multiples questions dans les pages qui suivent.

Ce livre est destiné aux grands gourmets et aux incorrigibles gourmands : à tous ceux pour qui manger est un plaisir. Il s'adresse aussi aux curieux, qui ne se contentent pas de goûter, mais qui ont l'appétit de savoir.

La première partie est consacrée à la théorie sur les huiles végétales et les vinaigres. Elle vous fera connaître leur origine, leur histoire et leurs usages à travers les âges et dans divers pays. Vous découvrirez ainsi que l'huile d'olive, symbole de la culture méditerranéenne, a un passé fascinant et que, au cours des millénaires, cette huile a été utilisée à des fins parfois surprenantes. Vous apprendrez comment, depuis toujours, les hommes ont cherché des moyens, parfois très laborieux, pour extraire l'huile de l'olive.

Vous apprendrez aussi quelle est l'origine du vinaigre. Comme l'huile d'olive, le vinaigre a connu des usages extraordinaires et a été associé à quelques grands moments de l'histoire. Si cela vous intéresse, vous trouverez également des renseignements qui vous permettront de produire votre vinaigre maison, à vos risques et périls, bien sûr.

Enfin, vous serez convié à un petit tour du monde des huiles et des vinaigres. En effet, nous vous proposons d'en découvrir différentes variétés. Certaines sont bien connues et s'inscrivent dans notre alimentation quotidienne depuis des générations, tandis que d'autres, plus exotiques, sont à connaître et, peut-être, à adopter pour vos grands et vos petits soupers.

La deuxième partie du livre, intitulée Trucs et conseils, est, comme son nom l'indique, destinée aux gens pratiques, ceux qui, comme la fourmi, souhaitent se faire des réserves pour la morne saison. Ils y trouveront des trucs et des conseils pour sécher leurs fines herbes ainsi que leurs fruits et légumes, et pour les conserver jusqu'à la saison nouvelle. Ces trucs devraient leur être utiles, car si le séchage des récoltes semble simple, il y a des précautions à prendre pour obtenir des résultats satisfaisants et pour que cette activité estivale ne devienne pas une corvée saisonnière. Enfin, à ceux qui souhaitent mettre leurs produits en valeur et donner à leurs contenants un air de fête, mais qui, malheureusement, n'ont pas la fibre bricoleuse développée, cet ouvrage prodiguera quelques conseils pour décorer pots et bouteilles. Ces trucs simples et économiques leur permettront d'agrémenter leurs contenants pour leur plaisir personnel ou pour les offrir en cadeau à des amis qui sauront apprécier cette délicate attention.

Enfin, la troisième et dernière partie s'adresse tout particulièrement aux gourmands et présente des recettes d'huiles, de vinaigres, de vinaigrettes et de marinades.

Historique des huiles et des vinaigres

I l n'y a pas si longtemps, les vinaigres et les huiles que l'on retrouvait dans la plupart des foyers québécois se limitaient au traditionnel vinaigre blanc, au vinaigre de vin et à l'huile de maïs ou de canola. Notre univers s'arrêtait là. On prenait le vinaigre blanc pour arroser généreusement nos patates frites, pour nettoyer le calcium de nos bottes ou pour faire des cornichons maison bien croquants. Le vinaigre de vin avait des fonctions plus élevées : on le réservait à la préparation des vinaigrettes. Quant à l'huile, le plus souvent elle servait soit à la friture, soit à la confection de vinaigrettes.

Puis, du vaste monde, une gamme de nouveaux produits nous est arrivée : des huiles verdâtres ou d'un beau jaune soleil, au goût exquis, provenant de pays lumineux, et des vinaigres qui ne goûtaient pas du tout le vinaigre traditionnel. Des huiles et des vinaigres qui, comme nos vêtements du dimanche, étaient rangés au fond de l'armoire et qu'on ne sortait que pour la visite rare. Avec le temps, ces huiles et ces vinaigres ont trouvé leur place sur nos tables et ils donnent maintenant à notre pain quotidien un goût de fête.

Historique

Huiles et vinaigres

Le marché nous propose un grand choix d'huiles alimentaires. De l'huile de maïs à l'huile de noix en passant par l'huile de canola et l'huile de pépins de raisin, on en trouve pour tous les goûts et tous les types de cuisine. Que vous choisissiez de faire un souper américain composé de hamburgers et de frites ou que vous décidiez d'expérimenter une recette chinoise, vous trouverez toujours une huile qui conviendra à votre choix. Connaître les huiles, c'est d'abord découvrir celle qui a eu les usages les plus variés et le passé le plus riche, c'est-à-dire l'huile d'olive. L'huile d'olive, c'est un peu la reine des huiles, celle qui a traversé l'histoire et à laquelle on a consacré des ouvrages entiers. Elle occupe une très large place dans la culture des peuples méditerranéens d'hier et d'aujourd'hui: on la retrouve dans les mythologies grecque et romaine, et on l'évoque fréquemment dans la Bible et dans le Coran. Au fil du temps et selon les pays, l'huile d'olive a eu de multiples utilités, certaines semblant plutôt loufoques à une époque comme la nôtre. On l'a utilisée pour l'hygiène corporelle, pour la production de cosmétiques, les soins de santé, l'éclairage, et elle était indispensable à la pratique de certains rituels religieux. Bien sûr, les mérites culinaires de l'huile d'olive sont vantés partout et elle est irremplaçable dans la confection de nombreux plats.

Aujourd'hui encore, l'huile d'olive est célébrée à maints endroits et des fêtes sont données en son honneur. Par exemple, chaque année, aux quatre coins de la Provence, plusieurs manifestations sont consacrées à l'oléiculture. Quelques musées proposent même aux visiteurs une histoire de la culture oléicole de la région. De plus, il existe une Confrérie des Chevaliers de l'Olivier. Cette confrérie, qui a vu le jour en 1964 à l'occasion de la fête des Olivades, à Nyons, regroupe plusieurs dignitaires qui se sont donné pour mission de faire connaître les produits de qualité biologique que sont l'olive et l'huile d'olive.

L'huile d'olive a un passé exceptionnel et un présent chargé de traditions. La découvrir, c'est un peu comme lire une page de l'histoire du monde.

L'arbre d'Athéna

Poséidon, dieu de la mer, et Athéna, déesse de la pensée, des arts et des sciences, se disputaient la possession de l'Attique. Zeus, le père des dieux, déclara que l'Attique appartiendrait à celui qui présenterait le don le plus utile à l'humanité. Poséidon frappa alors l'Acropole de son trident et fit apparaître un beau cheval. Quant à Athéna, elle créa l'olivier et le chargea de fruits. Le tribunal des dieux jugeant alors que le don d'Athéna serait d'une plus grande valeur pour le bien des hommes, la déesse remporta le concours et gagna l'Attique. Pour la remercier, les Grecs fondèrent la ville d'Athènes. Ce court récit mythologique démontre l'importance de l'olivier dans la culture méditerranéenne.

Selon certains, la culture de l'olivier aurait commencé en Palestine, 10 000 ans avant Jésus-Christ ; d'autres affirment que l'olivier n'est apparu que 6 000 ans avant Jésus-Christ. On raconte qu'à cette époque, les Palestiniens non seulement faisaient la culture de l'olivier, mais exportaient déjà l'huile d'olive en Égypte. Plus tard, les Grecs auraient connu les vertus de cet arbre, puis les Romains les auraient découvertes à leur tour. Dans la mythologie romaine, on associe Minerve, déesse de la sagesse, à l'olivier, et les fondateurs de Rome, Rémus et Romulus, seraient nés sous ses branches. La chrétienté a été très marquée, elle aussi, par l'olivier. Dans le récit du Déluge, l'olivier symbolise la paix entre Dieu et les hommes puisqu'il fut le premier arbre à avoir émergé des eaux, ce qui indiqua à Moïse que le cataclysme était terminé et que la colère de Dieu était enfin apaisée. L'olivier évoque aussi la prospérité et la Terre promise. Chez les musulmans, l'olivier est un arbre béni ; c'est le symbole du Prophète. Dans toutes ces cultures, l'olivier est chargé de symboles telles la paix, la sagesse et l'abondance.

C'est au XVIe siècle, pendant la période des grandes explorations, que l'olivier a été implanté en Espagne et au Portugal pour être ensuite exporté outre-mer vers des pays comme le Pérou, le Chili, l'Argentine, le Mexique, les Antilles et, enfin, la Californie. Toutefois, la Provence

Historique

Huile et vinaigre

française, bien connue aujourd'hui pour son amour de l'olive et de son huile, n'a adopté l'olivier que plus tard, soit au XVIIIe siècle. C'est à cette époque seulement qu'elle s'est lancée dans la culture de cet arbre et dans l'exploitation de ses produits.

Tout comme l'olivier, l'huile d'olive a fait couler beaucoup d'encre. On a trouvé des textes vieux de plus de 1 000 ans avant Jésus-Christ qui vantaient déjà ses mérites.

L'huile des dieux

En Égypte, on raconte que c'est la déesse Isis, épouse du dieu Osiris, qui aurait appris au peuple comment extraire l'huile d'olive. Les Grecs, eux, attribuent l'invention des meules et des pressoirs à Aristée, le fils d'Apollon. Selon les Romains, ce mérite reviendrait à Minerve. Cependant, Hercule aurait lui aussi quelque chose à voir dans toute cette affaire. Quelle que soit la divinité qui a apporté cette science aux peuples, ces derniers ont dû expérimenter divers procédés pour tirer de l'olive le meilleur de son jus.

La cueillette des olives, l'olivaison, se déroule d'octobre à février. On peut la faire à l'aide de perches avec lesquelles on agite les branches de l'arbre, ce qui fait tomber les olives — c'est ce qu'on appelle le gaulage — ou bien on cueille simplement les olives à la main. Puis on les trie en enlevant les olives meurtries ou abîmées ainsi que les branches et les feuilles. Les olives sont ensuite stockées pendant quelque temps. Toutefois, on ne doit pas attendre trop longtemps avant de procéder à l'extraction parce qu'il y a risque de fermentation, ce qui gâterait le goût de l'huile. C'est pour cette raison que généralement, après le tri, on entreprend rapidement le processus d'extraction.

Celui-ci se déroule en trois étapes. D'abord le détritage, qui consiste à briser les olives pour en faire sortir l'huile ; on obtient ainsi une pâte d'olives et de débris de noyaux. On doit ensuite pressurer cette pâte pour en extraire toute l'huile : c'est le pressage. Enfin, on décante l'huile pour la séparer de l'eau et des débris de pulpe qui pourraient rester.

Dans l'Antiquité, pour détriter les olives, on procédait de la même manière que pour les raisins : on les écrasait avec les pieds. Heureusement pour eux, les « fouleurs » étaient chaussés de sandales de bois. En Afrique du Nord, les femmes écrasaient les olives sur une surface circulaire en faisant rouler une grosse pierre arrondie qu'elles se renvoyaient. Avec les pieds, elles foulaient la pâte additionnée d'un peu d'eau, puis la ramassaient et la mettaient dans une cuve remplie d'eau pour ensuite brasser le mélange avec un bâton. Enfin, l'huile était stockée dans des jarres où elle reposait et se purifiait. Chez les Hébreux, on concassait les olives dans un mortier. La pâte obtenue était alors placée dans une cuve et on y jetait de l'eau chaude en continuant de la triturer à la main. L'huile qui surnageait était recueillie avec les mains ou avec une grande cuillère plate pour, enfin, être mise à décanter.

Avec le temps, on a tenté d'améliorer ces procédés pour les rendre moins laborieux et plus productifs. Divers types de pressoirs sont alors apparus, dont le « pressoir à torsion ». Pour extraire l'huile d'olive à l'aide de cet appareil, l'huile de bras était mise à contribution. Les olives étaient dépo-sées dans un sac allongé qu'on plaçait à l'intérieur d'un récipient percé d'un trou. Les fouleurs, toujours chaussés de sandales de bois, piétinaient énergiquement le sac d'olives. Puis, quand la pulpe des olives était transformée en pâte, le sac était tordu par deux grands gaillards. L'huile coulait alors dans le récipient où on la laissait reposer avant de la décanter. Le pressoir à torsion a été employé jusqu'au XVIIe siècle en Égypte, en Corse et en Italie ; la Turquie en a fait usage jusqu'au XIXe siècle.

Les premiers moulins à huile utilisant la meule circulaire sont enfin arrivés. D'une meule on est ensuite passé à deux, puis à trois. Dans ce procédé, les meules, placées dans une cuve de pierre, détritaient les olives. Elles étaient actionnées par des hommes ou des animaux. Ce moulin à huile portait le nom de « moulin à sang ». Voulait-on parler du sang des olives ou de celui des hommes (ou des bêtes) qui suaient sang et eau pour actionner les meules ? Quoi qu'il en soit, ce moulin a été employé jusqu'au XVIe siècle et certains pays ont conservé ce procédé d'extraction jusqu'au XIXe siècle.

Les moulins se sont petit à petit perfectionnés : les meules ont remplacé les sandales de bois, la force de l'eau a pris la place de celle de l'homme et les cuves de métal ont suppléé celles de pierre. L'ère industrielle arrivait...

Aujourd'hui, les méthodes d'extraction de l'huile d'olive diffèrent grandement de celles d'autrefois. Le détritage, le pressage et la décantation font partie de l'histoire ancienne : ces trois opérations sont maintenant combinées en une seule. Les meules de pierre ont été remplacées par des presses à vis en acier inoxydable qui écrasent et décortiquent les olives pour en extraire tout le jus. L'huile ainsi obtenue est l'huile d'olive authentique de première pression à froid. Cependant, la pression à froid ne permettant pas de tirer le maximum d'huile de l'olive, l'industrie actuelle emploie un procédé plus rentable et plus draconien : la pression à chaud, effectuée par des presses hydrauliques à vis chauffées. Malheureusement, l'huile d'olive obtenue par pression à chaud perd énormément de sa valeur gustative, et sa valeur nutritive en souffre autant. De plus, elle est raffinée, ce qui la dénature complètement et lui fait perdre toute personnalité.

Sur le marché, il existe trois catégories d'huile d'olive : les huiles d'olive vierges, les huiles d'olives raffinées — qui sont des huiles obtenues par raffinage d'huile d'olive vierge — et enfin les huiles pures, qui sont un mélange d'huile d'olive vierge et d'huile d'olive raffinée. Dans la catégorie des huiles d'olive vierges, trois dénominations précisent davantage la qualité de l'huile : l'huile d'olive vierge extra est la meilleure de toutes, c'est l'huile de première qualité ; l'huile d'olive vierge fine a un aussi bon goût que la précédente mais son taux d'acidité est plus élevé ; enfin, l'huile d'olive vierge courante ou semi-courante a un goût moins parfait que les deux précédentes.

L'industrialisation des procédés d'extraction de l'huile d'olive a permis d'en accroître considérablement la production ; aussi la trouve-t-on maintenant partout et à des prix abordables. Toutefois, pour vraiment apprécier l'huile d'olive, il faut chercher la pureté et opter pour une huile d'olive vierge extra de première pression. Ce choix s'avère le plus intéressant, car si le coût semble plus élevé, le goût vaut son pesant d'or.

Tout baigne...

«Comment vipère, lorsque tu as des galants si bien fournis d'huile, tu ne procures pas à tes camarades de quoi rendre leurs cheveux plus luisants, ni à moi de quoi rendre mes ragoûts plus onctueux.» (Plaute)

Dans la cuisine, nous faisons grand usage d'huile d'olive : pour faire mariner des viandes, pour cuire des aliments, confectionner des vinaigrettes et préparer des sauces ; l'huile d'olive nous est indispensable... ou presque. Les Grecs et les Romains de l'Antiquité consommaient, eux aussi, beaucoup d'huile d'olive pour leur alimentation. Certains des usages qu'ils en faisaient ressemblaient aux nôtres : marinades, cuissons, sauces et vinaigrettes. Ils y trempaient aussi leur pain, l'ajoutaient à la soupe et l'utilisaient dans la confection de plusieurs desserts. L'un de ces desserts, «la pompe à huile», a longtemps fait partie des spécialités provençales et on le trouve encore chez quelques boulangers soucieux de préserver la tradition.

Au XVIᵉ siècle, en Provence, l'huile d'olive remplaçait le beurre, et les habitants du nord de l'Europe, qui n'avaient pas accès à ce luxe, enviaient leurs voisins du Sud. À leurs yeux, cette huile, qu'ils disaient admirable, représentait le soleil et toute la richesse méditerranéenne ; le beurre, ne pouvant soutenir une telle comparaison, faisait bien triste figure. Toutefois, l'huile d'olive, tant appréciée de tous, appartenait au quotidien du peuple méditerranéen, sans plus d'éclat. Ce n'est qu'au XIXᵉ siècle que l'huile d'olive connut une croissance formidable et vit sa renommée établie. Les grands gastronomes français reconnurent enfin ses multiples qualités et la propulsèrent au «panthéon» des huiles.

Cependant, l'huile d'olive, qui a trôné sur toutes les tables pendant des millénaires, a eu bien d'autres usages que celui de la préparation des plats. D'ailleurs, à une certaine époque, les Grecs consommaient l'huile d'olive plus à des fins hygiéniques que pour leur alimentation. L'huile d'olive était pour les Grecs ce que l'eau et le savon sont pour nous : elle était considérée comme essentielle à une bonne hygiène corporelle. Après le bain, ils avaient l'habitude de se frictionner le corps avec de l'huile d'olive. Ainsi chacun se rendait au bain avec à la main sa petite fiole d'huile. Hippocrate, le père de la médecine, considérait d'ailleurs que si on n'avait pas la possibilité de prendre un bain, il était tout aussi hygiénique de se frictionner avec de l'huile et du vin.

Comme cosmétique, l'huile d'olive contribuait aussi à rehausser la beauté des hommes et des femmes. La brillantine que nous connaissons aujourd'hui n'a rien d'innovateur, puisque, bien avant nous, les Grecs de l'Antiquité enduisaient leurs cheveux d'huile d'olive pour leur donner un aspect gras et brillant qui, semble-t-il, était très apprécié. L'huile d'olive entrait aussi dans la composition de parfums, et même les dieux ne pouvaient résister à cette coquetterie. On raconte en effet qu'Héra, l'épouse de Zeus, n'a pas hésité à s'enduire le corps d'huile parfumée pour séduire son divin mari. Bien après l'Antiquité, l'huile d'olive est demeurée un élément important dans la fabrication des cosmétiques. Au XIe siècle, elle entrait dans la composition du célèbre savon de Marseille qui jusqu'au XIXe siècle a été fabriqué à partir d'huile d'olive et de soude. Aujourd'hui, on utilise d'autres variétés d'huile : on n'arrête pas le progrès, et même l'illustre savon de Marseille n'a pu résister au changement.

Cependant, tout au long de l'histoire, ce sont principalement les vertus médicinales de l'huile d'olive qui lui ont valu la faveur populaire. Hippocrate, ses collègues et ceux qui leur ont succédé voyaient en l'huile d'olive un remède universel et la prescrivaient autant pour son action préventive que pour ses qualités thérapeutiques.

Au gymnase, les athlètes grecs et romains s'enduisaient le corps d'huile d'olive à la fois pour se protéger des rayons du soleil et des variations de température et pour réchauffer leurs muscles. Les exercices terminés, ils se frottaient de nouveau avec de l'huile, qui, selon Hippocrate, permettait de lutter contre les courbatures. Quand leur corps était couvert d'un mélange d'huile, de sueur et de sable, ils se raclaient la peau avec un petit instrument appelé «strigile». Le produit ainsi obtenu était recueilli par le maître du gymnase, qui le revendait pour la fabrication de médicaments ou pour en faire de l'huile à lampe. Chez les lutteurs, l'huile d'olive avait aussi un double emploi: les protéger des accidents musculaires et empêcher l'adversaire de les agripper. On utilisait aussi l'huile d'olive quand le corps avait besoin d'une protection supérieure. Ainsi Hannibal, célèbre commandant d'armée de l'Antiquité connu pour sa traversée des Alpes, ordonna à ses soldats de s'enduire le corps d'huile d'olive avant la grande traversée, ce qui leur permit de résister au froid et aux intempéries.

Tout au long de l'histoire, les utilisations thérapeutiques de l'huile d'olive ont été innombrables. Au Ier siècle avant Jésus-Christ, un naturaliste et auteur latin, Pline l'Ancien, conseillait des bains de bouche à l'huile d'olive, ce qui, selon lui, était excellent pour les gencives et permettait de conserver des dents blanches et saines. Il la recommandait aussi pour soigner les ulcères d'estomac, le choléra et, pourquoi pas, chasser les vers intestinaux. À la même époque, un médecin et botaniste grec, Pelanius, rédigea un important traité sur l'utilisation médicinale de plus de six cents plantes. L'huile d'olive était la composante principale de plusieurs de ses recettes. En voici un exemple: « L'onguent de safran est composé de safran, de vin, de myrrhe et de roseau aromatique. Il favorise le sommeil et calme les frénétiques lorsqu'il est appliqué sur leur front, placé sous leur nez ou introduit dans les narines. Mélangé avec deux fois sa quantité d'huile d'olive, il cicatrise, ramollit, humidifie les chairs et soulage la douleur... »

À la suite de Pline, d'Hippocrate et de Pelanius, médecins et naturalistes n'ont cessé de prescrire recettes et potions à base d'huile d'olive. Certaines se révèlent très utiles, tandis que d'autres semblent douteuses et font sourire. En 1765, un auteur du nom de Gregorio Lopez proposait la formule d'un baume universel: «L'huile et la fleur doivent

Huile et vinaigre

se mettre dans un pot de verre recouvert avec de la pâte et enterré dans du fumier de cheval qui n'a pas mangé d'herbe verte...» Cette formule magique se passe de commentaire et on ose espérer que ceux qui ont fait usage de ce baume n'ont pas aggravé leur mal. Toujours au XVIIIᵉ siècle, l'huile d'olive fut à l'origine d'un long débat entre la France et l'Angleterre pour déterminer si, comme le prétendait un brave paysan gaulois, elle pouvait guérir des morsures de serpent. Si le propos du débat semble farfelu, cela démontre bien à quel point les propriétés médicinales de l'huile d'olive étaient reconnues. Depuis les préparations pour faire disparaître les cors aux pieds jusqu'aux onguents pour combattre les maux de tête, chacun y allait de sa science et concoctait une potion magique à base d'huile miraculeuse. Toutefois, certains usages thérapeutiques de l'huile d'olive sont encore approuvés aujourd'hui. Beaucoup de gens croient aux qualités thérapeutiques de cette huile et certaines recettes ont fait leurs preuves. Par exemple, pour lutter contre la constipation chronique, il suffit de prendre le matin, à jeun, une ou deux cuillerées d'huile d'olive. De plus, certains affirment qu'elle a enrayé leurs ulcères d'estomac. Enfin, les propriétés cicatrisantes de cette huile sont connues; pour aider à guérir des plaies ou soigner des brûlures mineures, l'huile d'olive peut s'avérer efficace. Évidemment, les vertus thérapeutiques de l'huile d'olive ont leurs limites et la science a beaucoup évolué depuis Hippocrate. Cependant, pourquoi ne pas prendre quelques recettes du passé pour les adapter au présent?

L'huile d'olive a aussi été employée pour des besoins très éloignés de l'alimentation, de l'hygiène et de la médecine. En effet, jusqu'à la découverte de l'électricité, à la fin du XIXᵉ siècle, la lampe à huile éclaira les foyers et une grande partie de la production d'huile d'olive était consacrée à cette fin. On employait alors une huile de qualité inférieure, soit de troisième pression, soit faite à partir d'olives abîmées ou de résidus d'olives écrasées, appelés grignons d'olive. La lampe à huile, indispensable à la vie du peuple méditerranéen, éclairait les foyers et les temples religieux, ce qui lui conférait un caractère particulier. Elle ne consistait pas seulement en un élément d'éclairage mais apportait la «lumière», dans un sens plus religieux. La lumière de la lampe, symbole des différents stades de la vie et de la lumière de Dieu, accompagnait les célébrations de naissance et de mariage, et les cérémonies mortuaires. Dans la Bible et le Coran, certains passages citent la lampe à huile en faisant référence à la présence divine.

L'huile extraite du fruit de l'olivier, arbre béni, était chargée d'une puissante symbolique pour les religions chrétiennes et musulmanes.

Des huiles d'ici et d'ailleurs

Sans contredit, l'huile d'olive trône au centre des huiles végétales. Toutefois, les huiles de maïs, de canola ou autres, si elles ne sont pas couronnées d'un passé glorieux, méritent qu'on s'y arrête. Plusieurs de ces huiles font partie de notre alimentation depuis des générations, mais malheureusement, on les a un peu délaissées. Les huiles de fabrication industrielle sont souvent fades et cette fadeur est généralement due à la méthode d'extraction, telle que la pression à chaud. Cependant, il existe des huiles de première pression à froid qui valent la peine d'être goûtées.

Voici donc neuf variétés d'huiles alimentaires, connues, inconnues ou méconnues, ainsi que leurs emplois en cuisine :

- L'huile d'arachide est une des huiles les plus utilisées en Amérique. Elle est excellente pour la friture et s'emploie dans la préparation de mayonnaises. Il est préférable de garder l'huile d'arachide de première pression au réfrigérateur, tandis que l'huile raffinée peut se conserver toute une année à condition d'être entreposée à l'abri de la lumière et de la chaleur;

- L'huile de carthame est employée dans la confection de vinaigrettes ou de mayonnaises maison. Autrefois, elle servait de purgatif et de liniment contre l'arthrite et la paralysie;

- L'huile de colza (huile de canola) a une petite histoire intéressante. En effet, la production du colza a commencé en 1942 dans l'Ouest canadien ; on l'employait alors comme source de lubrifiant dans le cadre de l'effort de guerre. Puis, après la Deuxième Guerre mondiale, on a commencé à intégrer cette huile dans l'alimentation, mais en très petites quantités en raison de sa faible valeur nutritive. Dans les années 70, on l'a bonifiée et elle a réussi à pénétrer un plus vaste marché. Il est préférable de ne pas la chauffer à trop haute température, pour la friture par exemple, car elle fume rapidement et dégage une odeur désagréable. Par contre, elle convient à merveille aux vinaigrettes et aux marinades et on peut y faire dorer des légumes et des viandes ;

- L'huile de maïs, bien connue des Québécois, est une bonne huile de table et convient aux salades, aux crudités et à la préparation de mayonnaises ;

- L'huile de noix a un goût très fin. On l'utilise avec les salades, les crudités et dans certains plats cuisinés. Elle devient rance rapidement et il est préférable de la conserver dans un endroit frais, à l'abri de la lumière, de l'air et de la chaleur ;

- L'huile de pépins de raisin est une huile de qualité. Elle convient à la macération des viandes et des volailles. Elle s'oxyde facilement et on doit la conserver au réfrigérateur ;

- L'huile de sésame a un goût relevé. On l'utilise surtout dans la cuisine orientale, par exemple pour faire sauter des légumes. Il est préférable de la conserver au réfrigérateur ; toutefois, elle ne rancit pas facilement ;

- L'huile de soya ne doit pas être employée pour la cuisson, car elle brûle rapidement. Elle accompagne bien les salades et les crudités et on l'utilise dans la confection des mayonnaises ;

- L'huile de tournesol peut avoir les mêmes usages que l'huile de carthame, soit la préparation des vinaigrettes et des mayonnaises. C'est un excellent agent de conservation pour l'ail en purée, les tomates séchées et les fines herbes. Au réfrigérateur, l'huile de tournesol pressée à froid se solidifie et forme de petits grumeaux blancs, mais il suffit de la remettre à la température de la pièce pour qu'elle redevienne progressivement liquide ; son goût demeure le même. Les margarines et les graisses végétales contiennent souvent de l'huile de tournesol.

Ces huiles ont aussi d'autres usages parfois surprenants. Par exemple, les huiles de maïs, de canola, de noix et de soya sont employées pour l'éclairage et dans la fabrication de savons alors que l'huile de sésame a sa place en parfumerie où on l'utilise pour l'extraction de parfums. Enfin, l'huile de soya entre dans la production du caoutchouc synthétique.

Pour conserver les huiles végétales, il est préférable de les placer à l'abri de la lumière ou de la chaleur. Si vous changez vos huiles de contenant, il est recommandé de les mettre dans des bouteilles de verre opaque ; ainsi, elles ne seront pas altérées par la lumière. Les huiles de première pression s'oxydent facilement au contact de l'air. De plus, certaines huiles se conservent mieux au réfrigérateur ; c'est le cas, entre autres, des huiles d'arachide, de sésame et de pépins de raisin.

Nous vous avons présenté ici quelques variétés d'huiles végétales. Toutefois, il en existe plusieurs autres ; c'est à vous de les découvrir et d'apprendre à les apprécier. Pour choisir une huile, et surtout en être satisfait, il faut, sans hésitation, se tourner vers les huiles vierges de première pression à froid. Les huiles raffinées, si elles sont résistantes à l'oxydation, ne rendent absolument pas justice au produit et nous le font découvrir sous son jour le plus terne. Elles sont d'ailleurs qualifiées d'huiles mortes, vidées de toute valeur nutritive, tandis que les huiles vierges de première pression à froid possèdent encore toutes leurs qualités.

Les vinaigres

Le vinaigre a son origine dans la nuit des temps. Relater son histoire, c'est raconter un récit d'aventures. Le vinaigre a fait la guerre, il a combattu la peste, soigné des blessures, prévenu bien des maladies. Il a aussi été utilisé pour les soins de beauté. Plusieurs femmes, d'hier et d'aujourd'hui, lui doivent l'éclat de leur teint et la brillance de leurs cheveux. De plus, pour certaines corvées domestiques, le vinaigre n'a pas son pareil : il désinfecte, tue les germes et les odeurs en un rien de temps.

Enfin, les emplois du vinaigre dans le domaine culinaire sont reconnus depuis des millénaires. Les vinaigres que l'on trouve sur le marché, qu'il s'agisse du vinaigre de vin, du vinaigre de malt ou du vinaigre de riz, pour ne nommer que ceux-là, contribuent à relever les plats qui, sans eux, seraient bien plats.

Tourner au vinaigre

Au XIVe siècle, Orléans, ville de France située au bord de la Loire, est devenue un important producteur de vinaigre, et elle le demeure encore aujourd'hui. Cette vocation lui est venue accidentellement. En effet, à cette époque, les bateaux qui faisaient le transport du vin s'échouaient souvent à Orléans et leurs cargaisons de vin devenaient des cargaisons de « vin aigre ». Cependant, l'origine du vinaigre remonte bien avant le XIVe siècle ; avant que Jésus-Christ ne change l'eau en vin, la nature s'était chargée de transformer le vin en vinaigre.

La fabrication du vinaigre est simple et se fait spontanément. Quand le vin est laissé à l'air libre, les sucres naturels qu'il contient fermentent. Des bactéries se forment et un voile gélatineux apparaît à la surface du liquide ; on appelle ce voile la « mère ». Graduellement, la « mère » s'enfonce dans le liquide et transforme l'alcool en acide acétique ; c'est ainsi qu'on obtient le vinaigre. Le vin n'est toutefois pas la seule matière qu'on puisse utiliser pour fabriquer le vinaigre : le cidre, la canne à sucre, le malt, le riz et le lait de coco sont autant de substances qui peuvent être employées dans sa confection, ce qui permet la production de toute une gamme de vinaigres et, bien sûr, de saveurs.

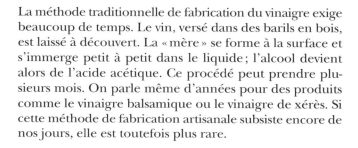

La méthode traditionnelle de fabrication du vinaigre exige beaucoup de temps. Le vin, versé dans des barils en bois, est laissé à découvert. La « mère » se forme à la surface et s'immerge petit à petit dans le liquide; l'alcool devient alors de l'acide acétique. Ce procédé peut prendre plusieurs mois. On parle même d'années pour des produits comme le vinaigre balsamique ou le vinaigre de xérès. Si cette méthode de fabrication artisanale subsiste encore de nos jours, elle est toutefois plus rare.

Aujourd'hui, l'industrie, en vue d'accroître la production du vinaigre dans des délais plus restreints — malheureusement au détriment de la qualité —, a mis au point des procédés qui en accélèrent la fabrication. Par l'ajout d'une culture bactérienne au vin, le processus de fermentation et la transformation du liquide en acide acétique se réalisent en un temps record et les bouteilles de vinaigre sortent à la chaîne pour être alignées sur les tablettes des supermarchés. Le vinaigre industriel, s'il s'avère plus économique à l'achat, est beaucoup moins savoureux et n'a pas la qualité du vinaigre de fabrication artisanale. La différence entre ces deux produits se goûte et il n'est pas nécessaire d'être un fin connaisseur pour la déceler.

Comme le font les amateurs de vin, certains amoureux du vinaigre tentent la fabrication maison. Pour fabriquer son vinaigre, on emploie du vin rouge, du vin blanc ou du cidre. Quand on utilise du vin, il faut choisir un vin de bonne qualité et qui a bon goût, sans payer trop cher, parce que la plupart des vins contiennent des agents de conservation qui les protègent du développement des bactéries et qu'il est difficile d'y implanter une «mère». Toutefois, il est possible de se débarrasser de ces agents de conservation par certaines manipulations. Une façon simple consiste à brasser le vin pendant environ cinq minutes dans un grand plat qui permet la circulation de l'air. Ensuite, on prend deux bouteilles vides et on transvase le vin d'une bouteille à l'autre pendant encore cinq minutes. Après ces opérations, les agents de conservation devraient avoir rendu les armes.

Dans la fabrication du vinaigre, un facteur est très important : la propreté. Ainsi les ustensiles et les contenants doivent être immaculés, les mains et les vêtements aussi. Les récipients servant à la fabrication du vinaigre doivent être en verre, en céramique, en plastique ou en bois ; l'aluminium est totalement exclu. Des barils de bois, comme ceux qu'on utilise pour le vin, ou de grands seaux en plastique constituent les récipients les plus appropriés. Cependant, si les seaux en plastique sont les seuls contenants disponibles, on peut ajouter des copeaux de chêne, ce qui rehaussera la saveur du vinaigre. Les copeaux de chêne s'achètent chez certains détaillants de bois.

Quoique les bactéries puissent naturellement apparaître et former une « mère », il est plus simple de s'en procurer une. On en vend parfois dans les boutiques spécialisées dans la fabrication du vin. Une autre façon d'obtenir une « mère », c'est de prendre du vinaigre non pasteurisé qui en contient encore une en suspension. Les proportions pour la combinaison de vin et de vinaigre non pasteurisé sont de un quart de litre de vinaigre pour chaque litre de vin ou de cidre. Quand l'alcool et la « mère » sont dans le seau ou le baril, il est préférable de le couvrir avec une étamine ou une moustiquaire pour éviter que les mouches ne viennent tourner autour du vin en transformation. La préparation doit être placée dans un endroit sombre, à la température de la pièce. Le lieu idéal pour cet entreposage est un placard.

Après une période de deux à huit mois, l'alcool devrait être converti en vinaigre. On peut alors l'embouteiller. On remplit la bouteille jusqu'au bord et on la ferme hermétiquement avec un bouchon de liège ou de plastique. Pour que le vinaigre soit à son meilleur, on le laisse en bouteille pendant plusieurs mois encore avant de le goûter vraiment. Après cette période, les amateurs pourront enfin savourer leur produit en espérant qu'ils ne seront pas trop déçus. En effet, il arrive que le vinaigre maison, soumis à un contrôle moins serré que le vinaigre fabriqué par des experts, soit trop acide et ait des usages limités. Car la production du vinaigre, si elle se fait naturellement, demande expérience et doigté. Cependant, les néophytes apprendront de leurs erreurs et, après quelques essais, ils réussiront peut-être à produire un grand cru.

Vinaigre magique

Tout comme dans le cas de l'huile d'olive, l'origine du vinaigre demeure imprécise. Les premiers écrits faisant référence au vinaigre ont été trouvés à Babylone et datent de 5 000 ans avant Jésus-Christ. À cette époque, le vinaigre était fabriqué avec des fruits comme les dattes, les figues et les raisins. Les Babyloniens furent d'ailleurs les premiers créateurs du vinaigre aromatisé. À la suite des Babyloniens, les Grecs et les Romains ont, eux aussi, employé le vinaigre et ils en faisaient déjà le commerce 4 000 ans avant Jésus-Christ.

Dans les textes bibliques de l'Ancien et du Nouveau Testament, le vinaigre prend autant de place que le vin, ce qui, au XVIIIe siècle, a entraîné un quiproquo amusant. En effet, en 1716, à Oxford, en Angleterre, l'imprimeur du Roi a, bien malgré lui, suscité l'hilarité générale — à moins qu'il ne se soit attiré les foudres royales, l'histoire ne le dit pas. En effet, cet imprimeur publia l'un des textes du Nouveau Testament sous le titre de *La Parabole du vinaigre* au lieu de *La Parabole de la vigne*. Cette édition est demeurée célèbre et porte le nom de *Bible du Vinaigre*.

Cependant, l'histoire du vinaigre à travers les âges est en même temps une histoire de ses divers usages. Le vinaigre s'apparente à l'huile d'olive par les vertus qu'on lui a attribuées, tous deux ayant été considérés comme des remèdes.

Chez les Grecs et les Romains, on conservait de grandes quantités de vinaigre pour attendrir la viande et conserver les herbes et les légumes. Le vinaigre servait aussi de boisson. Un historien latin raconte que le vinaigre mélangé avec de l'eau était la boisson des soldats romains et que c'est grâce à ce rafraîchissement qu'ils sortirent vainqueurs de leurs combats dans des pays où les conditions climatiques étaient éprouvantes. Mais, les boissons au vinaigre ne furent pas appréciées uniquement par les glorieux Romains. À une époque plus récente, soit aux XVIIIe et XIXe siècles, le vinaigre aromatisé combiné à du jus de fruits constituait un rafraîchissement très populaire chez les travailleurs américains.

Trois personnages de l'histoire ont aussi mis le vinaigre à l'épreuve et lui ont découvert des facultés jusqu'alors insoupçonnées. Hannibal, ce guerrier qui avait fait grand usage d'huile d'olive lors de sa traversée des Alpes, a aussi employé du vinaigre : en le combinant avec le feu, il réussit à s'ouvrir un passage à travers les rochers. Quant à Cléopâtre, ce sont les vertus dissolvantes du vinaigre qu'elle a voulu éprouver : pariant qu'elle pouvait consommer une fortune dans un simple repas, elle fit dissoudre des perles dans le vinaigre pour ensuite les boire. Enfin, le duc de Milleray, maître de l'artillerie sous Louis XIII, a commandé pour 1 300 000 francs de vinaigre afin de rafraîchir ses canons. On pourrait relater encore beaucoup de ces anecdotes qui ont pour sujet le vinaigre et ses facultés quasi magiques.

Le vinaigre, à la fois rafraîchissant, explosif et dissolvant, a aussi des vertus curatives qui ont été reconnues de tout temps. Quatre cents ans avant Jésus-Christ, Hippocrate recommandait le vinaigre à ses patients pour soulager leurs malaises. Selon ce grand médecin et plusieurs de ses confrères romains, grecs et même asiatiques, le vinaigre pouvait aider à la digestion, éviter l'accumulation de gras dans l'organisme, réduire la sécrétion de bile, prévenir le scorbut et... maintenir une bonne santé. Hippocrate alla jusqu'à s'attaquer aux « maux féminins » en prescrivant un mélange de vinaigre, de miel et de poivre à la gent féminine.

Au Moyen-Âge, pendant l'épidémie de peste à Marseille, une légende raconte que quatre voleurs ont survécu à la maladie en fabriquant un vinaigre composé de sauge, d'armoise amère, de menthe, de fleurs de lavande, de gomme de camphre et de rue. Les composantes de ce mélange, appelé Vinaigre des quatre voleurs, varient selon les époques et les conteurs, mais la légende demeure. Cependant, outre dans les fables, le vinaigre a réellement été utilisé pour soigner les malades atteints de la peste. Les gens de la haute société, quant à eux, employaient le vinaigre, non pour ses vertus curatives, mais pour protéger leur odorat délicat des relents de putréfaction qui flottaient dans les villes pendant et après l'épidémie. Ainsi nobles et bourgeois transportaient, dans de petites boîtes en argent appelées « vinaigrettes », des éponges imbibées de vinaigre qu'ils pouvaient respirer au premier haut-le-cœur. Certains messieurs rangeaient discrètement ces éponges dans le pommeau de leur canne.

Après l'Europe, l'Orient et l'Asie, le vinaigre a fait la conquête de l'Amérique. Aux États-Unis, pendant la guerre civile, le vinaigre était utilisé pour combattre le scorbut. Dans un ouvrage sur les herbes et les remèdes domestiques, une auteure raconte que, à l'époque coloniale, les Américains accompagnaient leur repas d'une boisson composée de deux cuillères à thé de vinaigre dans une tasse d'eau. Cette boisson avait, selon eux, de multiples vertus thérapeutiques : elle soignait les infections du nez, des oreilles et des yeux, soulageait les troubles digestifs, guérissait les rhumes, les laryngites et l'asthme, renforçait les ongles trop mous, épaississait les chevelures trop minces et éliminait la fatigue chronique, pour n'en nommer que quelques-unes.

Le vinaigre a aussi été mis à contribution dans la production de cosmétiques maison. À l'époque victorienne, les femmes employaient le vinaigre pour se concocter des lotions toniques pour la peau et les cheveux. En lotion tonique pour le visage, le vinaigre permet de resserrer les pores, de combattre l'acné, de réduire la couperose et, enfin, de pâlir les taches de son. Pour fabriquer sa propre lotion tonique, il existe différentes recettes faciles à préparer et très économiques comparativement aux produits vendus en magasin. En voici quelques-unes, simples à réaliser :

- Combinez une tasse de pétales de fleurs (rose, camomille, lavande...) ou de feuilles d'herbes fraîches (menthe, romarin, thym, sauge...) avec deux tasses de vinaigre de cidre ou de vin. Laissez reposer quelques semaines, filtrez et embouteillez.

- Mélangez une partie de vinaigre de vin ou de cidre et six parties d'eau de source, d'eau de rose ou d'eau de fleur d'oranger. Après avoir nettoyé votre peau, vaporisez ce tonique sur votre visage ou appliquez-le avec une boule de coton hydrophile.

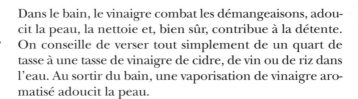

Dans le bain, le vinaigre combat les démangeaisons, adoucit la peau, la nettoie et, bien sûr, contribue à la détente. On conseille de verser tout simplement de un quart de tasse à une tasse de vinaigre de cidre, de vin ou de riz dans l'eau. Au sortir du bain, une vaporisation de vinaigre aromatisé adoucit la peau.

Enfin, le vinaigre peut être utilisé pour rincer les cheveux; il en améliore l'aspect, les rend plus brillants et combat les pellicules. De plus, en infusant des herbes dans le vinaigre, on peut rehausser la couleur naturelle des cheveux. Ainsi, le vinaigre parfumé au romarin et au persil convient aux chevelures foncées ; la sauge est employée pour les cheveux grisonnants, et la camomille fait ressortir les reflets blonds. Plusieurs recettes peuvent être créées, et les lotions combinant le vinaigre avec les herbes et les fleurs sont simples et faciles à réaliser.

Pour l'entretien ménager, on ne compte plus les services que le vinaigre peut rendre. En effet, si le vinaigre blanc n'occupe pas une grande place dans le domaine culinaire, il est irremplaçable pour les travaux domestiques, et ses usages sont étonnamment variés. Outre la faculté de débarrasser les bottes d'hiver de leur couche de calcium et celle de faire briller les vitres, le vinaigre compte près d'une centaine d'usages domestiques. En voici quelques-uns :

- Pour rafraîchir les tapis et raviver leur couleur, brossez-les avec un mélange contenant une tasse de vinaigre et quatre litres d'eau ;

- Pour chasser les odeurs de poisson, d'oignon ou de chou qui flottent dans la maison après la cuisson, faites bouillir une cuillere à table de vinaigre dans une tasse d'eau ;

- Pour éliminer les odeurs de fumée de cigarettes, disposez des petits plats de vinaigre dans les pièces ;

- Pour enlever les taches laissées par les désodorisants sur les vêtements, frottez la tache avec du vinaigre et lavez le vêtement immédiatement.

Depuis des siècles, le vinaigre, qu'on l'utilise comme remède, cosmétique, détachant ou même répulsif à fourmis, constitue surtout un ingrédient essentiel de la cuisine : la gastronomie. De l'Antiquité jusqu'à nos jours, le vinaigre a fait ses preuves dans le domaine de l'alimentation. En cuisine, quand on découvre les vinaigres, ils deviennent indispensables.

Le vinaigre des rois et le roi des vinaigres : le vinaigre balsamique

Parmi tous les vinaigres, le vinaigre balsamique mérite une place à part. De par son histoire, sa fabrication et, bien sûr, son goût, le vinaigre balsamique est unique ; c'est un vinaigre que l'on peut qualifier de noble. Le qualificatif « balsamique » apposé à son nom vient de « baume », car à l'époque où la peste sévissait en Europe, le vinaigre balsamique était considéré comme curatif.

L'*aceto balsamico* provient de l'Émilie-Romagne, région située au nord de l'Italie où il est fabriqué depuis le XIe siècle. Il était autrefois si prestigieux qu'on l'offrait en cadeau aux rois et aux grands hommes d'État. Le vinaigre balsamique, celui que l'on trouve sur le marché, est tout aussi authentique que l'*aceto balsamico*. D'appellation contrôlée, ce vinaigre est originaire de Modena, une ville au nord de l'Italie.

Le vinaigre balsamique est fait exclusivement à partir de raisins très sucrés, les raisins de Trebbiano. Sa fabrication est extrêmement longue et se déroule en plusieurs étapes. Quand la fermentation du raisin commence, le jus est versé dans des casseroles de cuivre et chauffé jusqu'à ce qu'il réduise des deux tiers. Le liquide ainsi obtenu, sucré et sirupeux, est transféré dans des barils de chêne jusqu'à sa transformation en vinaigre. Celui-ci est alors versé dans des tonneaux de tailles différentes que l'on appelle la *batteria*. Chaque tonneau est fait d'une essence de bois particulière : châtaignier, cerisier, mûrier... Ainsi, à mesure que l'évaporation s'effectue, le vinaigre est transvidé dans un tonneau plus petit fait d'un bois différent. Avec un taux d'évaporation de 10 % par année, 100 litres de liquide deviendront 15 litres de vinaigre douze ans plus tard. Lorsque la saveur est jugée à point, le vinaigre balsamique est prêt à être embouteillé. Pour qu'un vinaigre balsamique soit considéré comme tel, il doit avoir séjourné dans les tonneaux pendant au moins quatre ans avant d'être embouteillé.

Traditionnellement, le vieillissement du vinaigre balsamique se faisait dans le grenier de la maison et il était sous la responsabilité d'une femme de charge qui devait en prendre grand soin. On produisait le vinaigre balsamique uniquement pour l'usage de la famille et on se le transmettait précieusement de génération en génération. Parfois, le vinaigre balsamique faisait partie de la dot apportée par la jeune épouse.

De nos jours, les procédés de fabrication sont différents. Les producteurs de Modena accélèrent le processus de vieillissement. Toutefois, ils respectent les normes très sévères qui régissent la production du vinaigre et permettent de lui conserver toute son authenticité. Le vinaigre balsamique de Modena est âgé de douze ans et parfois même de vingt à trente ans. Les meilleurs vinaigres balsamiques n'ont eu aucun ajout; ils sont faits à partir de raisins uniquement. Certains vinaigres peuvent cependant contenir du sucre brun qu'on leur a additionné pour obtenir un goût plus sucré. Ces vinaigres demeurent dans la même tradition que le vinaigre balsamique, mais ils sont moins âgés. Ils ont toutefois séjourné au moins quatre années dans un tonneau.

En cuisine, le vinaigre balsamique est parfait. On peut l'utiliser comme condiment pour relever la saveur des aliments, par exemple, en mettre quelques gouttes sur une salade de tomates ou, après la cuisson, en verser parcimonieusement pour déglacer les foies de volaille ou de veau. Les fraises et le vinaigre balsamique forment une excellente combinaison : il suffit d'asperger ces fruits de quelques gouttes de vinaigre pour tenter une nouvelle expérience gustative qu'on souhaitera renouveler. Ajouté à de l'eau minérale pétillante, le vinaigre balsamique s'avère un excellent rafraîchissement. Autrefois, après un dîner fin, l'*aceto balsamico* remplaçait le digestif et on le buvait dans de petits verres à liqueur.

Le vinaigre balsamique, comme plusieurs autres vinaigres, supporte mal la chaleur et la lumière. Aussi, pour le conserver longtemps, est-il préférable de le garder dans un endroit sombre et loin de la chaleur. De cette manière, on pourra jouir longtemps des qualités gustatives de ce nectar.

Vinaigres du monde

Si le vinaigre balsamique est exceptionnel, il y a d'autres vinaigres qui valent la peine d'être découverts, chacun ayant ses particularités et son goût propre ; et il y en a pour tous les goûts. Certains vinaigres, plus corsés, conviennent aux marinades pour les viandes rouges ; d'autres, plus légers, serviront à préparer des mayonnaises. Nous vous présentons ici neuf variétés de vinaigres :

• Le vinaigre de canne à sucre est fait à partir de la fermentation de la canne à sucre et de l'eau. Ce vinaigre est employé dans la cuisine philippine. On en trouve surtout dans les épiceries d'importations ;

• Le vinaigre de champagne porte ce nom parce qu'il est produit à partir du vin blanc dont les raisins sont habituellement utilisés pour la fabrication du champagne. Ce vinaigre a un goût très doux et complète bien les sauces pour le poisson ou la volaille ;

• Le vinaigre de cidre est mûri en fût de chêne pendant un an et parfois plus. Les meilleurs vinaigres de cidre sont faits à partir de pommes entières qu'on a pressées à froid pour en extraire le jus ; ces vinaigres ont un goût fruité. Le vinaigre de cidre est excellent avec le poisson et les crustacés ou dans la préparation de sauces comme la hollandaise et la béarnaise. On peut aussi l'employer pour mariner les viandes. Les vertus médicinales du vinaigre de cidre sont quasi infinies. Il est aussi utilisé dans la préparation de cosmétiques maison. On dit qu'un peu de ce vinaigre bu quotidiennement dans un verre d'eau froide permet de conserver une bonne santé ;

- Le vinaigre de noix de coco est utilisé dans la cuisine asiatique, particulièrement dans la cuisine thaïlandaise. C'est un vinaigre assez rare qu'on ne trouve que dans les épiceries d'importations;

- Le vinaigre distillé (ou vinaigre blanc) présente peu de qualités gustatives. Il est surtout utilisé pour les marinades dans l'industrie alimentaire. Par contre, pour les corvées d'entretien, il est imbattable. Il est donc bon d'en conserver une bouteille à la maison pour les menus travaux ménagers;

- Le vinaigre de malt est obtenu à partir de la fermentation de céréales, principalement de l'orge. Originaire d'Angleterre et des pays du nord de l'Europe, ce vinaigre a un long passé puisqu'il a vu le jour vers l'an 1600. À cette époque, il constituait une façon d'utiliser la bière ayant tourné à l'aigre, d'où son nom de *alegar* (*ale* pour bière anglaise et *gar* pour aigre). Son goût étant très fort, il est utilisé davantage pour la préparation des marinades, des chutneys et des moutardes. En Angleterre, il entre dans la composition de la sauce à la menthe qui accompagne le traditionnel rôti d'agneau;

- Le vinaigre de riz est né en Chine il y a 5 000 ans. Ce vinaigre fait à partir de riz ou de saké a un goût très doux et légèrement sucré. Son homologue japonais, appelé *su*, est encore plus doux et plus sucré. Ces vinaigres se marient bien à l'huile de sésame ou à l'huile d'arachide pour relever le goût des salades;

- Le vinaigre de vin, produit à partir de vin rouge, blanc ou rosé, est, comme le vinaigre de cidre, un incontournable dans la cuisine. Le vinaigre de vin rouge convient aussi bien à la marinade de viandes rouges qu'à la vinaigrette. Quant au vinaigre de vin blanc, on le réserve surtout aux marinades de viandes blanches, et il entre également dans la préparation de vinaigrettes;

- Le vinaigre de xérès peut s'apparenter au vinaigre balsamique dans son procédé de fabrication. Préparé en Andalousie, dans le sud-ouest de l'Espagne, il est vieilli en plein soleil dans des barils de chêne. Il se combine bien avec les huiles d'olive, de noix ou de noisettes pour les marinades ou les vinaigrettes. On peut aussi l'employer pour déglacer la poêle ou la sauteuse.

Les vinaigres sont très résistants et peuvent se conserver longtemps. Cependant, il est préférable de les garder à l'abri de la lumière et de les tenir loin d'une source de chaleur. Si vous voulez changer votre vinaigre de contenant pour faire, par exemple, du vinaigre aromatisé, il est préférable de choisir des bouteilles de verre foncé.

Avec le temps, certains vinaigres perdent parfois de leur couleur, mais leur goût demeure le même et ils ne sont pas dommageables pour la santé. Beaucoup de gens préfèrent les vinaigres non pasteurisés, et avec raison. Toutefois, dans les vinaigres non pasteurisés, des filaments de « mère » demeurent en suspension, et certains trouvent cette « mère » flottante peu appétissante. Pour éliminer ces filaments, vous pouvez tout simplement filtrer le vinaigre à l'aide d'une passoire.

Le goût du vinaigre

Si l'univers des vinaigres vous est encore inconnu et que vous avez de la difficulté à choisir celui qui conviendrait le mieux au type de cuisine que vous faites et à vos goûts, rien de mieux que d'en essayer. Bien sûr, les épiceries fines proposent parfois à leurs clients des dégustations de vinaigres, mais ces occasions sont rares. Alors, quand vous allez chez des amis et que le goût de la vinaigrette ou celui de la sauce vous plaît, demandez à goûter le vinaigre. Pour bien déguster celui-ci, prenez-en une gorgée dans un petit verre et, comme pour le vin, gardez-le un moment dans la bouche. Une autre bonne façon de goûter le vinaigre consiste à en verser quelques gouttes sur un cube de sucre, pour ensuite sucer le cube. Mais quelle que soit la façon dont vous goûterez, fiez-vous à vos papilles et choisissez un vinaigre que vous utiliserez souvent et avec plaisir. Les meilleurs vinaigres sont, bien entendu, les vinaigres de fabrication artisanale. Beaucoup de gens préfèrent les vinaigres biologiques ; ceux-ci sont plus chers mais tellement plus satisfaisants !

Quand vous connaîtrez mieux les vinaigres et que vos papilles gustatives ne se hérisseront plus lorsque vous entendrez ce mot, mais qu'elles frémiront de plaisir, vous vous demanderez pourquoi l'expression « tourner au vinaigre » a une signification si négative.

Si ces textes ont éveillé votre curiosité et que vous voulez en savoir davantage sur les huiles et les vinaigres, nous vous proposons quelques livres intéressants :

• Bernard Jacotot, *L'huile d'olive, de la gastronomie à la santé*, Paris, Éditions Artulen, 1993.

• Maggie Oster, *Herbal Vinegar*, Storey Publishing Book, 1994.

• Jean Pagnol, Lucette Rey-Billeton, *L'huile d'olive*, Aubanel, 1999.

• Jean-François Plante, *Huiles et vinaigres*, Montréal, Éditions De L'Homme, 1998.

• Minelle Verdié, *La civilisation de l'olivier*, Paris, Albin Michel, 1990.

• Jacques Chibois, Olivier Baussan, *Saveurs et parfums, l'huile d'olive*, Montréal, Québec Loisirs, 2000.

De plus en plus de gens apprécient les produits maison. L'été, en parcourant les rues de la ville, on aperçoit, accrochées aux balcons, des boîtes à fleurs dans lesquelles poussent basilic, sarriette et cerfeuil. Ces fines herbes serviront plus tard à parfumer les sauces et les vinaigrettes ou à relever le goût des soupes. La culture des fines herbes apporte aux citadins, même les plus endurcis, un sentiment de retour à la terre, ne serait-ce que le temps d'une saison. Les habitants de la campagne, qui ont davantage d'espace pour jardiner, peuvent cultiver non seulement leurs fines herbes mais aussi leurs légumes et certaines variétés de fruits. La belle saison terminée, le séchage des récoltes est un moyen économique de conserver fines herbes, fruits et légumes, ce qui permettra de les utiliser tout au long de l'année et de donner aux repas des jours de pluie un petit goût d'été.

Certains ne se contentent pas de ranger leurs réserves dans d'humbles bocaux de verre récupérés ici et là, mais souhaitent donner du caractère à leurs conserves, les enjoliver, les personnaliser pour les offrir à des amis ou simplement par souci esthétique.

Dans cette section, vous trouverez des trucs et conseils pour le séchage des fines herbes, des fruits et des légumes ainsi que quelques idées de décoration pour les pots et les bouteilles qui mettront vos produits en valeur.

Le séchage des fines herbes

Autrefois, nos grands-mères et arrière-grands-mères séchaient les fines herbes en les accrochant au manteau de cheminée ou aux poutres du grenier. Aujourd'hui, les foyers et les greniers se font plus rares, mais d'autres techniques de séchage, si elles sont moins folkloriques, donnent d'aussi bons résultats.

Pour sécher les fines herbes, il faut les récolter avant la floraison. Ainsi si vous cultivez des plants de basilic, de cerfeuil, de sarriette ou de marjolaine, par exemple, il est important de les couper avant qu'ils fleurissent. De plus, certains plants peuvent être coupés jusqu'à quatre fois pendant leur période de croissance ; c'est le cas du basilic, de la citronnelle, du persil, du romarin et de la sauge.

Après avoir récolté leurs fines herbes ou au retour du marché, plusieurs ont tendance à les laver soigneusement pour enlever toute trace de terre et de poussière. Toutefois, cet excès d'hygiène n'est pas recommandé puisque le lavage des fines herbes leur fait perdre certaines huiles essentielles et une partie de leur saveur. Si elles sont trop sales, un rapide lavage à l'eau froide suffira à les débarrasser de cette poussière. Après ce nettoyage, il est important de secouer les plants pour en enlever l'excédent d'eau et de les suspendre quelque temps au soleil pour permettre à l'eau de s'évaporer complètement. Cette étape ne doit cependant pas durer trop longtemps parce qu'un soleil trop fort risquerait de cuire les herbes.

Pour procéder au séchage des fines herbes, il suffit de les suspendre la tête en bas de façon que les huiles essentielles descendent dans le feuillage. Les bouquets doivent être accrochés dans un endroit sec et aéré. Certains ont déjà tenté de faire sécher leurs fines herbes ont amèrement déçus par leur expérience. Après quelque temps, leurs précieuses fines herbes étaient séchées, bien sûr, mais elles étaient aussi couvertes de poussière. Pour éviter cet inconvénient, on introduit les plants dans un sac de papier brun criblé de petits trous, ce qui favorise la circulation d'air. On noue le sac avec une corde ou un élastique, on l'accroche et le tour est joué. Ce petit truc permet non seulement d'éviter l'accumulation de poussière sur les plants, mais aussi de les protéger de la lumière directe du soleil, qui risquerait de les noircir. Cette technique de séchage, très simple, convient aux herbes comme la sauge, la sarriette, l'origan, le basilic, la menthe et la citronnelle, car elle conserve leur saveur. Quant au thym, au persil, au romarin, au cerfeuil et à la verveine, ils ont droit à un traitement différent et un brin plus laborieux. En effet, pour le séchage de ces herbes, l'utilisation du séchoir donne de meilleurs résultats.

Sur le marché, on trouve plusieurs types de séchoirs; toutefois, il est plus économique d'en fabriquer un à la maison. Ces séchoirs conviennent aussi bien au séchage des fines herbes qu'à celui des fruits et légumes. Selon les quantités d'aliments que l'on veut sécher et le temps que l'on veut investir dans sa fabrication, on peut opter pour un séchoir tout simple ou un plus perfectionné. Le séchoir le plus simple ne demande que peu de matériaux et se réalise en un tournemain. Il suffit de fabriquer un cadre de bois auquel on fixe un grillage de fenêtre propre ou une étamine. L'étamine étant souple et très légère, elle doit être renforcée par des cordes tendues en diagonale en dessous du séchoir. De plus, le séchoir doit être soulevé de terre afin que l'air circule tant au-dessous qu'au-dessus des aliments et pour éviter que l'humidité du sol ne nuise au processus de séchage. Pour préserver les plants de la poussière, on les recouvre d'une deuxième étamine.

Mais il n'y a pas que les feuilles des herbes qui puissent être séchées; les graines sont aussi très utilisées en cuisine; on les ajoute entières ou broyées à certains plats pour en relever le goût. Pour obtenir les graines d'anis, de coriandre ou de fenouil, on récolte les plants et, lorsque les cosses ont changé de couleur, on les étend sur un séchoir. Dès que les cosses semblent bien sèches, on les frotte entre ses paumes; les graines tombent alors facilement et il ne reste qu'à les recueillir. Une autre méthode, semblable à celle du séchage des fines herbes, consiste à suspendre les plants, la tête en bas, dans un sac de papier brun. De cette manière, dès qu'elles seront séchées, les graines tomberont de leurs cosses et s'accumuleront au fond du sac.

De même que les feuilles et les graines, les fleurs aussi peuvent être séchées. Comme on le fait pour les fines herbes, on étend les pétales de fleurs sur le séchoir. Les buveurs de tisanes peuvent aussi faire sécher les fleurs entières pour leurs infusions.

Enfin, un procédé qui conviendra parfaitement aux gens pressés, ceux qui n'ont pas une minute à perdre mais qui désirent tout de même prendre quelques secondes pour faire sécher leurs fines herbes, c'est le séchage au micro-ondes. Cette méthode simple et très rapide donne d'excellents résultats, particulièrement pour le basilic, le persil, le fenouil, la coriandre, le laurier et le genièvre qui, semble-t-il, sèchent plus difficilement. Pour procéder au séchage, on étend d'abord les feuilles sur une double épaisseur de papier essuie-tout puis on programme ensuite le four à la température élevée (HIGH) pour une période d'environ deux minutes. Après ce temps, on retire les feuilles du four et on les laisse reposer pendant deux ou trois minutes. Les feuilles qui ne sont pas assez séchées seront remises dans le micro-ondes et on vérifiera leur état toutes les 30 secondes.

Les herbes, graines et fleurs séchées se rangent dans des bocaux fermés hermétiquement, qu'on place dans un endroit sec pour environ une semaine. Après cette période, il est préférable de vérifier s'il ne s'est pas formé d'humidité sous le couvercle ou à l'intérieur du contenant. S'il y a des traces d'humidité, un deuxième séchage est nécessaire, car la moisissure pourrait se développer et le fruit de tout ce labeur serait gâté.

Cette étape terminée, c'est enfin le moment de l'entreposage. Plusieurs ont tendance à broyer les herbes et à moudre les graines avant de les ranger dans des contenants. Il est toutefois préférable de les laisser entières et de ne les broyer qu'au moment de l'utilisation, parce qu'ainsi, elles conserveront mieux leur saveur. Si vous les gardez entières et que vous les entreposez soigneusement, elles se garderont pendant plusieurs années.

Les meilleurs contenants pour entreposer les fines herbes sont les bocaux de verre foncé ou les boîtes en fer-blanc. Les récipients de carton ou de papier absorbent les huiles essentielles des herbes séchées et leur enlèvent toute saveur. Si on souhaite enjoliver sa cuisine en y exposant ses petits pots de nature, il est préférable de ne pas les placer à un endroit où la lumière du soleil est trop vive, ni près de la cuisinière électrique. Certains préfèrent congeler leurs herbes séchées alors que d'autres les conservent dans le vinaigre. Ces deux méthodes de conservation sont aussi intéressantes l'une que l'autre, c'est à chacun de choisir. Cependant, si vous préférez congeler vos herbes séchées, un bon truc consiste à les placer dans des bacs à glaçons avec un peu d'eau. De cette façon, vous pourrez n'en utiliser qu'une petite quantité à la fois sans devoir tout décongeler.

On peut aussi entreposer ensemble différentes variétés d'herbes, ce qui créera un intéressant mélange de saveurs. Les «fines herbes» que nos mères utilisaient pour assaisonner leurs plats sont un mélange d'herbes fraîches et d'herbes séchées en parts égales. Dans les «fines herbes», on retrouve le plus souvent du basilic, des graines de céleri, du cerfeuil, de la ciboulette, de la marjolaine, de la menthe, de la sarriette douce, du persil, de la sauge, de l'estragon et du thym. Les bouquets garnis, que l'on recommande dans plusieurs recettes de cuisine française, sont constitués d'un mélange d'herbes séchées placé dans une étamine ou dans une boule à épices. Les bouquets garnis sont composés de différentes variétés d'épices et de fines herbes, par exemple le thym, le romarin, la sarriette, la sauge, la marjolaine, pour n'en nommer que quelques-unes.

Par les temps gris d'automne ou les grands froids d'hiver, vos herbes séchées maison vous rappelleront toujours l'été. Chaque fois que vous ouvrirez un pot, vous respirerez une bouffée de nature.

Le séchage des fruits et des légumes

Le séchage des fruits et des légumes est, tout comme celui des fines herbes, une autre façon de consommer tout l'hiver les récoltes de l'été. Le séchage des fruits et des légumes est un excellent moyen de conservation, puisque ces aliments perdent par ce procédé de 80 à 90 % de leur humidité, ce qui empêche la formation des bactéries qui les gâtent habituellement. Bien sûr, nos conditions climatiques ne permettent pas de cultiver certains fruits. Toutefois, on peut toujours acheter au marché des produits provenant de contrées plus chaudes et les faire sécher ; les bananes et les abricots en sont un exemple.

Le séchage des fruits et des légumes est plus laborieux que celui des fines herbes. Il y a différentes méthodes pour sécher ces aliments : on peut les sécher à l'intérieur, à l'extérieur ou au four. Nous présenterons ici deux de ces méthodes, soit le séchage à l'extérieur et le séchage au four.

Dans le cas du séchage à l'extérieur, le soleil fait la plus grande partie du travail, ce qui, bien sûr, est plus économique que le séchage au four. Cependant, si l'on veut sécher les aliments à l'extérieur, certains facteurs doivent être pris en considération. Les conditions climatiques instables que nous connaissons ici, et ce, même en été, peuvent causer quelques inconvénients. Si, par un beau matin, le soleil décide de ne pas se montrer et de se faire remplacer par des pluies intermittentes, l'opération de séchage devient risquée. Le séchage des aliments à l'extérieur n'est pas non plus très conseillé dans un endroit trop pollué. En effet, qui aimerait consommer des tomates séchées aux vapeurs d'usine ou aux émanations de monoxyde de carbone ? Si, toutefois, le temps est favorable et que la pollution environnante n'est pas trop empoisonnante, le séchage à l'extérieur est une méthode intéressante et peu coûteuse.

Avant le séchage, les aliments demandent une préparation particulière. Par exemple, pour conserver la couleur originale des fruits, les usines d'alimentation utilisent des procédés compliqués qu'on ne peut reproduire à la maison. Il existe cependant des méthodes simples permettant de préserver la couleur de fruits comme les abricots, les pommes et les pêches. Si vous trempez ces fruits dans une préparation contenant de 1 500 à 2 000 milligrammes d'acide ascorbique en poudre dilués dans deux litres d'eau, ou simplement dans du jus de citron non sucré ou du jus d'ananas, ils conserveront mieux leur couleur initiale.

De plus, certains fruits et légumes doivent être blanchis, d'autres doivent être coupés en morceaux ou pelés. Par exemple, avant de sécher les poivrons, on doit les couper en fines tranches et les blanchir dix minutes, alors que les bananes doivent simplement être pelées pour ensuite être tranchées finement ; quant aux prunes, on peut les dénoyauter ou les laisser entières, mais leur peau doit être fendue avant le blanchiment. Enfin, on doit couper les abricots en deux et les dénoyauter. Quant aux piments, ils ne doivent pas être cueillis avant d'être parfaitement mûrs. Pour les sécher, il suffit de passer une aiguille dans la tige et de les accrocher dehors ou dans une fenêtre ensoleillée. Une fois secs, ils seront plus petits. Après le séchage, il est préférable de les garder suspendus dans un endroit sec plutôt que de les entreposer dans des pots.

Quand vient le moment d'entreprendre le séchage à l'extérieur, on doit sortir les aliments tôt le matin. Au cours de la journée, il faut les retourner fréquemment. Le soir venu, il est préférable de déplacer le séchoir dans un endroit abrité et de le recouvrir d'un carton, d'une serviette épaisse ou d'un vieux rideau de douche pour protéger les aliments de la rosée. Après avoir terminé le séchage d'un premier groupe d'aliments, il est important de bien laver l'étamine avant de l'utiliser pour le séchage d'un deuxième groupe. Dès que les aliments semblent suffisamment secs, on les rentre à l'intérieur au moment le plus chaud de la journée; de cette manière, les insectes qui pourraient se poser sur la nourriture seront éloignés par la chaleur.

Pour sécher les fruits et les légumes au four, on les place directement sur les grilles ou, si les tiges de métal sont trop espacées, on les recouvre d'une étamine sur laquelle on dispose les aliments. La température du four doit se situer autour de 145 °C (290 °F) et la porte du four doit demeurer entrouverte afin que l'humidité puisse sortir. Pendant le séchage, il est important de retourner les aliments toutes les heures. Selon leur taille, les fruits et les légumes prendront de 4 à 12 heures à sécher. Les fruits sont secs quand, au toucher, leur peau a une texture semblable au cuir mais qu'ils sont légèrement humides à l'intérieur. Parfois les fruits sont secs, mais quand ils sont encore chauds, ils semblent plus humides. Il faut donc les laisser refroidir avant de vérifier s'ils sont vraiment séchés. S'ils ne le sont pas, on doit les remettre au four en prenant soin de baisser la température. Dès qu'un aliment est sec, il doit être retiré du four. Pour éviter que certains aliments ne sèchent plus rapidement que d'autres, on recommande de ne sécher qu'une seule variété à la fois et de tailler tous les aliments à peu près de la même grosseur.

Historique

Huile & vinaigre

Le séchage au four est moins laborieux que le séchage à l'extérieur et il est plus facile à réussir parce que les conditions climatiques, les insectes et les animaux du voisinage ne pourront gâter votre entreprise. Bien sûr, le séchage au four, tout comme le séchage au micro-ondes, manque cruellement de couleur folklorique. Toutefois, si vous demeurez en ville ou même en banlieue et que vous désirez sécher vos fruits et légumes, il est peut-être préférable de profiter de la modernité plutôt que de transformer cette activité plaisante en un combat contre les éléments.

Quand les aliments sont bien secs, c'est le moment de procéder à l'entreposage, de faire ses réserves. S'ils sont bien entreposés, les fruits et les légumes séchés peuvent se conserver de six mois à un an. Des bocaux de verre bien fermés rangés dans un endroit sombre et des boîtes en fer-blanc tapissées de papier brun sont les contenants les plus appropriés pour conserver longtemps fruits et légumes secs. Les aliments séchés se conservent mieux et plus longtemps au réfrigérateur ou au congélateur. Il est aussi préférable d'entreposer les aliments en petites quantités; de cette manière, si une portion se gâte, on ne perd qu'une partie de ses produits. Bien sûr, chaque contenant doit être étiqueté et la date d'entreposage inscrite. À ce propos, il est recommandé de vérifier régulièrement l'état des aliments afin de prévenir la moisissure.

Quand arrive le temps d'utiliser les légumes et les fruits séchés, certains légumes doivent être réhydratés alors que plusieurs fruits peuvent être mangés tels quels. Par exemple, les bananes, les raisins, les abricots et les pommes séchés font une excellente collation; ils accompagnent très bien les céréales du petit déjeuner et agrémentent délicieusement le yogourt. Cependant, d'autres fruits et légumes ont besoin d'être réhydratés. Ainsi pour une tasse de légumes séchés, il faut ajouter une tasse et demie d'eau bouillante et laisser le mélange reposer jusqu'à ce que l'eau soit complètement absorbée, soit environ deux heures. La réhydratation des fruits est plus longue; on doit compter plusieurs heures et parfois même une nuit entière avant que le processus soit terminé. Une fois réhydratés, les légumes et les fruits n'ont pas besoin d'être cuits.

Si vous prenez le temps de sécher vos fruits et vos légumes, vous aurez donc toute une année pour goûter et faire goûter vos produits et partager avec vos amis ces cadeaux de la nature.

Pots de fraîcheur

Fier des fines herbes que vous avez pris soin de cultiver, de récolter et de faire sécher patiemment, vous souhaitez les conserver dans des contenants originaux, des petits pots que vous aurez plaisir à regarder et à offrir. Mais les idées vous manquent. Dans les magazines, vous voyez parfois des photographies et vous en avez même découpé quelques-unes en prévision de votre prochaine séance de bricolage. Elles sont éparpillées dans vos livres de cuisine et attendent d'être utilisées, mais... Il ne vous faudrait que quelques conseils pour démarrer. Dans les pages qui suivent, vous trouverez ces petits trucs tant recherchés.

Petits pots coquets

Quand on souhaite enjoliver ses conserves, une chose à considérer est la forme du contenant. En effet, il est agréable de ranger ses «récoltes» dans des pots qui ont une forme attirante et qui ne sont ni trop petits ni trop grands. Plusieurs produits vendus dans les épiceries sont présentés dans de jolis pots : pots ventrus, pots à facettes ou carrés. Si vous en avez déjà récupéré quelques-uns, ils trouveront enfin leur utilité. Toutefois, si vous n'en avez pas sous la main, vous pouvez vous en procurer de très jolis dans les magasins d'aubaines. En outre, les pots à conserve, autrefois si ternes, sont de plus en plus attrayants. Leurs couvercles sont maintenant agrémentés de fruits et de fleurs et, parfois, un motif en relief décore le devant du pot. Devant tant de possibilités, vous n'avez qu'à choisir des contenants dont la forme est agréable et qui pourront mettre vos produits en valeur.

À pois ou à carreaux

Un truc simple, que l'on retrouve souvent mais qui n'en est pas pour autant dénué de charme, consiste à recouvrir les couvercles d'un bout de tissu : coton à pois, à fleurs, à carreaux ou simplement uni, vous avez le choix.

Pour appliquer cette idée, vous devez d'abord découper un cercle de tissu un peu plus grand que le couvercle du pot afin qu'il puisse être maintenu par une attache. Ensuite, vous placez le cercle de tissu sur le pot fermé et l'attachez soit avec un élastique, soit avec un ruban ou du raphia.

Si vous souhaitez offrir un de ces pots en cadeau, vous pouvez y ajouter une petite touche de verdure qui complétera l'emballage. Pour ce faire, insérez simplement une branche d'herbe fraîche dans l'attache qui retient le tissu. Par exemple, si votre pot contient du persil séché, introduisez une branche de persil sous l'attache ; si c'est du fenouil, vous pouvez en utiliser une branche complète pour faire le tour du pot, un peu comme une couronne. Enfin, pourquoi ne pas joindre à votre présent une recette que vous écrirez sur un joli carton et que vous attacherez au couvercle du pot ?

Si vous avez du talent en dessin, vous pouvez aussi peindre des motifs floraux sur vos pots de verre. Il vous faudra de la peinture à céramique ainsi que des pinceaux, un de taille moyenne pour les couvercles et un autre, très fin, pour les pots.

Pour faire des fleurs, commencez par dessiner des petits points, par groupes de quatre ou cinq ; ces points représenteront les pétales. Puis, laissez sécher avant de poursuivre votre œuvre. Quand c'est bien sec, complétez votre travail en dessinant des petits points au centre des groupes de pétales. Et voilà, votre pot est joliment décoré. Toutefois, il vous faudra peut-être passer une deuxième couche pour que la couleur soit plus soutenue. Quant au couvercle, il peut être peint d'une couleur assortie.

Vos pots ainsi décorés, il ne vous reste qu'à les étiqueter. Dans les papeteries, on trouve une grande variété d'étiquettes : certaines carrées et plus classiques, d'autres aux angles arrondis ; il y en a même des rondes et des fleuries ; le choix ne manque pas, c'est à vous de suivre votre inspiration.

Pour marquer vos étiquettes, vous pouvez utiliser un stylo ou une plume à pointe moyenne. Cependant, les magasins de matériel d'artiste vendent des plumes et des feutres à pointe carrée qui sont habituellement utilisés pour la calligraphie ; ils vous permettront d'ajouter une touche plus raffinée à vos étiquettes.

Belles bouteilles pour grands crus

Pour embouteiller vos vinaigres aromatisés, vous pouvez, comme c'est le cas pour les pots de fines herbes, récupérer des bouteilles de vin ou en acheter dans les magasins d'aubaines. Toutefois, si vous avez déjà quelques bouteilles de verre foncé à la maison, nous vous proposons une façon simple de les décorer.

Pour rajeunir vos bouteilles et leur donner du chic, vous aurez besoin de paraffine, de bouchons de liège, de quelques bouts de ruban d'environ une dizaine de centimètres chacun et, bien sûr, d'étiquettes.

Quand vos bouteilles sont remplies et fermées avec un bouchon de liège, mettez de la paraffine dans un petit contenant (une boîte de conserve vide ou le fond d'une boîte de jus d'orange congelé conviendront parfaitement). Placez ensuite ce contenant dans une casserole d'eau très chaude. Quand la paraffine est fondue, trempez-y le goulot de la bouteille en prenant soin de retenir le bout de ruban que vous avez placé sur le dessus du bouchon. Attendez que le tout sèche et répétez l'opération. Vos bouteilles ainsi scellées, il ne vous reste plus qu'à les étiqueter.

Maintenant que vous avez en main les quelques conseils que vous attendiez pour décorer vos pots et bouteilles, il ne vous reste plus qu'à attendre un dimanche de pluie pour les mettre en pratique.

Recettes d'huiles aromatisées et de vinaigres aromatisés

MISE EN GARDE

L'Agence canadienne d'inspection des aliments recommande la plus grande prudence lors de la préparation d'huile aromatisée. Ces produits peuvent causer des intoxications alimentaires s'ils sont mal entreposés. Lorsque la bactérie *clostridium botulinum* est présente, il se peut qu'une croissance bactérienne et la production de toxine se produisent. Les huiles qui contiennent ces toxines peuvent causer le botulisme, une maladie qui risque d'être fatale et de causer des altérations neurologiques permanentes chez ceux qui y survivent. Aucune odeur ou détérioration du produit ne signale la présence de cette bactérie.

Pour éviter cette situation, nous vous conseillons de vous servir d'ingrédients frais, de conserver l'huile au réfrigérateur et de la jeter après une semaine. Quant aux huiles vendues dans le commerce, elles sont généralement salubres.

Conseils

Utiliser de petites quantités d'huile pour faire des marinades, car les huiles ne se conservent pas indéfiniment.

Filtrer les marinades et les décanter (transvaser dans un autre récipient pour débarrasser le liquide de ses impuretés) après la macération.

Conserver les huiles aromatisées à l'abri de la lumière et de préférence au réfrigérateur.

Le séchage des herbes :

Pourquoi utiliser des herbes séchées dans les huiles et vinaigres parfumés ?

Le séchage est le meilleur moyen d'accroître la saveur des herbes et des épices.

Limiter l'apport d'eau à la marinade diminue les risques de rancissement et d'oxydation de l'huile.

Comment faire sécher les herbes ?

En petits bouquets, dans une pièce sèche et bien aérée, ou dans un sac de papier, toujours en petite quantité et en prenant soin de laisser le sac ouvert. Ne pas les conserver dans la cave et la cuisine qui sont trop humides. Ne pas faire sécher au four, car au-delà de 30 °C (90 °F) les huiles essentielles s'évaporent et perdent tout leur arôme. Éviter également de trop laver les herbes, un rinçage rapide à l'eau fraîche suffit.

Huile au safran

250 ml	huile de soya *ou* de tournesol	1 tasse
10 g	pistils de safran	1 c. à thé
1	petite gousse d'ail	1

Disposer les pistils de safran dans un bocal de 250 ml (1 tasse). Faire chauffer l'huile avec l'ail et, à la première ébullition, les verser dans le bocal. Fermer le bocal, laisser refroidir, puis conserver au réfrigérateur.

■ ■ ■

Huile aux truffes

250 ml	huile de pépins de raisin	1 tasse
25 g	truffes noires fraîches* (choisir des truffes du Périgord, beaucoup plus parfumées)	1 oz

Laver et brosser les truffes sous l'eau froide et les couper en tranches très fines à l'aide d'une mandoline ou d'un éplucheur. Mettre dans un bocal avec l'huile, fermer et laisser le tout au réfrigérateur pendant un bon mois.

*À moindre coût et pour autant de parfum, utiliser des pelures de truffes. Une petite truffe pèse environ 25 g.

■ ■ ■

Huile provençale

250 ml	huile d'olive	1 tasse
2	branches de romarin séché	2
6	branches de thym séché	6
3	feuilles de sauge séchée	3
2	branches de sarriette séchée	2

Disposer les herbes dans un bocal de 250 ml (1 tasse), faire chauffer l'huile tout en évitant qu'elle n'entre en ébullition. Verser l'huile chaude sur les herbes et fermer hermétiquement le bocal. Laisser refroidir et conserver au réfrigérateur.

Huiles aromatisées et vinaigres aromatisés

Huiles et vinaigres

Huile au thym et aux deux citrons

250 ml	**huile d'olive**	1 tasse
8	**branches de thym séché**	8
	le zeste de 1/2 citron	
	le zeste de 1/2 lime	

En prélevant le zeste des citrons, faites bien attention à ne pas prendre trop d'écorce (partie blanche entre la pelure et la chair) ce qui donnerait trop d'amertume à l'huile. Mettre le thym et les zestes de citron dans un bocal de 250 ml (1 tasse). Faire chauffer l'huile tout en évitant qu'elle n'entre en ébullition et verser dans le bocal. Fermer hermétiquement, laisser refroidir et conserver au réfrigérateur. Allouer au moins 2 semaines de macération.

■ ■ ■

Huile au romarin et à l'ail

250 ml	**huile d'olive**	1 tasse
4	**branches de romarin séché**	4
2	**gousses d'ail**	2

Émincer l'ail puis le mettre à chauffer avec l'huile. À la première ébullition, verser dans un bocal de 250 ml (1 tasse) où sont disposées les branches de romarin. Fermer hermétiquement, laisser refroidir et conserver au réfrigérateur.

Huile au homard

250 ml	huile d'arachide	1 tasse
1	carcasse de homard	1
1	gousse d'ail	1
1	échalote française	1
7 ml	concentré de tomate	1/2 c. à table
1	petite feuille de laurier	1
2 ml	graines de coriandre	1/2 c. à thé

Cuire le homard au four et le débarrasser de sa chair (utiliser pour une autre préparation). Veiller à bien évider la tête. Émincer la gousse d'ail et l'échalote, les faire suer dans un peu d'huile et ajouter la carcasse après l'avoir sommairement broyée. Ajouter l'huile et le reste des condiments. Laisser cuire sans ébullition pendant au moins 4 heures. Laisser refroidir, filtrer et laisser l'huile se décanter. Transférer dans un pot et conserver au réfrigérateur.

*Cette recette sert à préparer des vinaigrettes pour les salades de poissons ou de fruits de mer. On peut aussi en arroser les poissons avant de les faire griller, ou en décorer le pourtour de l'assiette de service

■ ■ ■

Huile à l'échalote française et au poivre

250 ml	huile de canola	1 tasse
2	échalotes françaises	2
5 ml	poivre vert séché	1 c. à thé
5 ml	poivre noir séché	1 c. à thé

Émincer les échalotes et concasser grossièrement les deux poivres. Mettre le tout dans une casserole avec l'huile et faire chauffer doucement. Maintenir à la limite du point d'ébullition pendant 1 heure. Refroidir et réserver au réfrigérateur pendant 1 semaine, puis filtrer et décanter afin de conserver l'huile.

Huile aux baies de genièvre et au laurier

250 ml	**huile de tournesol**	1 tasse
30 ml	**baies de genièvre séchées**	2 c. à table
6	**feuilles de laurier séchées**	6

Concasser grossièrement les baies de genièvre et mettre avec le laurier dans un bocal de 250 ml (1 tasse). Faire chauffer l'huile et la verser dans le bocal. Fermer hermétiquement et conserver au réfrigérateur. Laisser mariner au moins 3 semaines.

■ ■ ■

Huile jamaïcaine

250 ml	**huile d'arachide**	1 tasse
1	**piment frais**	1
2	**gousses de vanille**	2
30 ml	**piment de la Jamaïque**	2 c. à table

Couper le piment frais en quatre, retirer les pépins. Faire chauffer l'huile avec le piment, maintenir une légère ébullition pendant 5 minutes. Disposer la vanille et le piment de la Jamaïque dans un bocal de 250 ml (1 tasse) et y verser l'huile. Fermer hermétiquement et conserver au réfrigérateur.

■ ■ ■

Huile asiatique

250 ml	**huile de sésame**	1 tasse
2	**gousses d'ail**	2
30 ml	**lemon-grass séché** **(citronnelle)**	2 c. à table
15 ml	**graines de coriandre**	1 c. à table

Émincer l'ail et ajouter à l'huile avant de la faire chauffer jusqu'au point d'ébullition. Verser dans un bocal de 250 ml (1 tasse) où sont disposés le lemon-grass et la coriandre. Fermer hermétiquement et conserver au réfrigérateur

Huile mexicaine

250 ml	**huile d'arachide**	1 tasse
2	**petits piments jalapeños**	2
3	**branches d'origan séché**	3
5 ml	**épices à chili**	1 c. à thé

Mettre les piments jalapeños à chauffer dans l'huile. Maintenir une légère ébullition pendant 5 minutes. Placer l'origan et les épices à chili dans un bocal de 250 ml (1 tasse) et y verser l'huile. Fermer hermétiquement et conserver au réfrigérateur.

■ ■ ▦

Huile au poivron rouge

125 ml	**huile d'olive**	1/2 tasse
125 ml	**huile d'arachide**	1/2 tasse
2	**poivrons rouges**	2
1	**échalote**	1
2	**gousses d'ail**	2
2	**branches d'origan**	2

Vider et peler les poivrons rouges (pour les peler, faire griller la peau au four ou sur le barbecue). Émincer grossièrement l'échalote et l'ail. Mettre tous les ingrédients dans une casserole et faire chauffer à la limite du point d'ébullition pendant au moins 2 heures. Laisser refroidir, et laisser mariner 1 semaine au réfrigérateur avant de filtrer et de décanter l'huile. On peut également passer le tout au mélangeur après avoir retiré les branches d'origan. Ajouter le jus d'un citron. La sauce ainsi obtenue peut être servie tiède ou froide.

Huile à l'aneth et à l'anis

250 ml	**huile d'olive**	1 tasse
15 ml	**graines d'aneth**	1 c. à table
15 ml	**feuilles d'aneth séché**	2 c. à table
4	**anis étoilé concassés**	4

Disposer les condiments dans un bocal de 250 ml (1 tasse). Faire chauffer l'huile tout en évitant qu'elle n'entre en ébullition. Verser dans le bocal, fermer hermétiquement et conserver au réfrigérateur.

Huile au basilic et à la verveine

250 ml	**huile d'olive**	1 tasse
15 ml	**verveine séchée**	1 c. à table
8	**branches de basilic séché**	8
	le zeste de 1/2 citron	

Faire chauffer l'huile d'olive avec les zestes de citron tout en évitant qu'elle n'entre en ébullition. Verser dans un bocal de 250 ml (1 tasse) contenant le basilic et la verveine. Fermer hermétiquement, laisser refroidir et conserver au réfrigérateur.

Huile au gingembre et à la sauge

250 ml	**huile de soya**	1 tasse
25 g	**gingembre frais**	2 c. à table
10	**feuilles de sauge séchée**	10

Éplucher le gingembre et le tailler en tranches fines, puis le mettre à chauffer avec l'huile. Porter à ébullition puis verser dans un bocal de 250 ml (1 tasse) où a été disposée la sauge. Fermer hermétiquement, laisser refroidir et conserver au réfrigérateur.

Huiles aromatisées et vinaigres aromatisés

Huiles et vinaigres

Conseils

Ne jamais utiliser de poêle en aluminium ou en cuivre, car le vinaigre oxyde ces métaux.

Ne pas trop faire chauffer le vinaigre (pas à grande ébullition) et retirer du feu lorsqu'il frémit.

Conserver les vinaigres à l'abri de la lumière.

■ ■ ■

Vinaigre aux pétales de roses

500 ml	**vinaigre de vin rouge**	2 tasses
250 ml	**pétales de roses séchés**	1 tasse

Disposer les pétales de roses dans un bocal, faire chauffer le vinaigre jusqu'au point d'ébullition. Verser sur les pétales fermer le bocal et laisser infuser au moins deux semaines au garde-manger.

■ ■ ■

Vinaigre aux piments jalapeños

500 ml	**vinaigre de xérès**	2 tasses
2	**piments jalapeños**	2
2	**gousses d'ail**	2

Émincer les jalapeños et l'ail. Mettre à chauffer le vinaigre et les condiments ; laisser frémir pendant 5 minutes puis verser dans un bocal. Fermer le bocal et laisser mariner environ 2 semaines.

Vinaigre à la mangue

500 ml	**vinaigre de vin blanc**	2 tasses
1	**mangue bien mûre**	1
1	**anis étoilé**	1

Peler et prélever la chair de la mangue, mettre celle-ci dans un bocal avec l'anis étoilé. Faire chauffer le vinaigre et le verser dans le bocal. Fermer immédiatement et laisser macérer au garde-manger pendant 3 semaines.

Vinaigre aux fraises des bois

250 ml	**vinaigre de vin rouge**	1 tasse
250 ml	**vinaigre balsamique**	1 tasse
100 g	**fraises des bois**	
5 ml	**poivre noir**	1 c. à thé

Disposer les fraises des bois et le poivre dans un bocal. Faire chauffer ensemble les deux vinaigres jusqu'à la première ébullition. Retirer du feu et laisser la température redescendre pendant 2 minutes avant de verser sur les fraises. Laisser refroidir avant de fermer le bocal. Allouer 1 semaine de macération.

Vinaigre à l'anis et à la cannelle

500 ml	**vinaigre de cidre**	2 tasses
6	**anis étoilé**	6
1	**bâton de cannelle**	1

Disposer l'anis étoilé et la cannelle dans un bocal. Faire chauffer le vinaigre jusqu'au point d'ébullition et verser dans le bocal. Fermer et réserver 3 semaines au garde-manger.

Vinaigre aux groseilles et aux framboises

500 ml	**vinaigre de vin rouge**	2 tasses
15 ml	**miel**	1 c. à table
50 g	**groseilles**	1/2 tasse
50 g	**framboises**	1/2 tasse
5	**feuilles de menthe poivrée séchées**	5

Déposer les groseilles, les framboises et la menthe poivrée dans un bocal. Faire chauffer le vinaigre avec le miel jusqu'à la première ébullition. Retirer du feu et laisser la température redescendre pendant 2 minutes avant de verser dans le bocal. Laisser refroidir avant de sceller et allouer 1 semaine de macération.

Vinaigre à l'estragon et aux abricots

500 ml	**vinaigre de vin blanc**	2 tasses
50 g	**abricots secs**	2 oz
8	**belles branches d'estragon séché**	8

Disposer les abricots et l'estragon dans un bocal. Faire chauffer le vinaigre jusqu'au point d'ébullition. Verser dans le bocal, fermer et réserver pendant 3 semaines.

Vinaigre au basilic aillé

300 ml	**vinaigre de vin blanc**	1 1/4 tasse
200 ml	**vinaigre de xérès**	1 1/3 tasse
6	**gousses d'ail**	6
8	**branches de basilic séché**	8

Émincer l'ail et le disposer dans le bocal avec le basilic séché. Faire bouillir ensemble les deux vinaigres jusqu'à la première ébullition. Verser dans le bocal, fermer et réserver pendant 2 semaines au garde-manger.

Vinaigre à la vanille

500 ml	**vinaigre de riz**	2 tasses
5	**belles gousses de vanille fraîche**	5

Fendre les gousses de vanille sur toute leur longueur et les disposer dans un bocal. Faire chauffer le vinaigre et le verser bouillant dans le bocal. Bien fermer et laisser infuser pendant 2 semaines.

*Essayer de trouver de la vanille «bourbon», elle est de loin la meilleure.

Vinaigre à l'orange

500 ml	**vinaigre de vin rouge**	2 tasses
1	**orange**	1 orange
	le zeste de 1 orange	

Tailler l'orange en rondelles et enlever les pépins. Prélever le zeste d'une autre orange en évitant de prendre trop de la partie blanche entre l'écorce et la chair, qui est trop amère. Disposer le tout dans un bocal et verser dessus le vinaigre bouillant. Fermer et laisser infuser 2 semaines.

Vinaigre balsamique aux truffes noires

| 250 ml | **vinaigre balsamique (grand cru)** | 1 tasse |
| 25 g | **truffes** | 1 oz |

Laver et brosser les truffes à l'eau froide et les couper en tranches très fines à l'aide d'une mandoline ou d'un éplucheur. Mettre dans un bocal avec le vinaigre balsamique et laisser macérer pendant un bon mois au garde-manger.

■ ■ ■

Vinaigre à la coriandre

500 ml	**vinaigre de riz**	2 tasses
30 ml	**graines de coriandre**	1 c. à table
8	**branches de coriandre fraîche**	8
	le zeste de 1 citron	

À l'aide d'un éplucheur, prélever le zeste de citron. Mettre les graines et les branches de coriandre dans un bocal avec le zeste de citron. Amener le vinaigre au point d'ébullition, verser dans le bocal et laisser refroidir avant de fermer. Laisser macérer 2 semaines.

■ ■ ■

Vinaigre aux échalotes françaises

500 ml	**vinaigre de xérès**	2 tasses
5	**belles échalotes françaises**	5
1	**gousse d'ail**	1
2	**branches de thym**	2

Émincer les échalotes et l'ail et mettre le tout dans un bocal avec le thym. Faire chauffer le vinaigre et, au premier frémissement, verser dans le bocal. Fermer et conserver au garde-manger. Allouer 3 semaines de macération.

Vinaigre à la ciboulette

500 ml	**vinaigre de vin blanc**	2 tasses
1	**petite botte de ciboulette**	1
2	**gousses d'ail**	2

Ciseler grossièrement la ciboulette, émincer l'ail et disposer le tout dans un bocal. Faire chauffer le vinaigre à la première ébullition et verser dans le bocal. Laisser refroidir avant de fermer et allouer 2 semaines de macération au garde-manger.

■ ■ ■

Vinaigre provençal

250 ml	**vinaigre de xérès**	1 tasse
250 ml	**vinaigre de vin rouge**	1 tasse
8	**branches de thym séché**	8
3	**branches de romarin séché**	3
4	**branches de marjolaine séchée**	4
4	**branches de sarriette séchée**	4
3	**branches d'origan séché**	3

Disposer les herbes aromatiques dans un bocal. Mettre à chauffer ensemble les deux vinaigres à la première ébullition et verser dans le bocal. Fermer et laisser infuser pendant au moins deux semaines au garde-manger.

Vinaigrettes

VINAIGRETTE AU SOYA

15 ml	moutarde de Dijon	1 c. à table
50 ml	huile d'olive	1/4 tasse
15 ml	vinaigre de riz *ou* régulier	1 c. à table
15 ml	jus de citron	1 c. à table
15 ml	sauce soya *ou* tamari	1 c. à table
	sel et poivre au goût	

Dans un grand bol, mélanger la moutarde, l'huile, le vinaigre, le jus de citron et la sauce soya. Saler et poivrer au goût

~ S U G G E S T I O N ~
Salade de dinde fumée

Dans un grand bol mélanger 4 tasses de laitue déchiquetée (boston, romaine, frisée, etc.). Ajouter 250 ml (1 tasse) de fèves germées, 1/2 poivron rouge émincé, 125 ml (1/2 tasse) de pois mange-tout, 2 ml (1/2 c. à thé) de gingembre râpé, 2 ml (1/2 c. à thé) de graines de coriandre, 25 ml (2 c. à table) de persil frais haché et 375 g (3/4 lb) de poitrine de dindon, coupée en fines lanières. Ajouter la vinaigrette, mélanger et ajouter quelques brindilles de ciboulette pour décorer.

Donne 4 portions

On peut remplacer l'huile d'olive par de l'huile asiatique
On peut remplacer le vinaigre de riz par du vinaigre
à la coriandre

Versez, dans un pot avec un couvercle qui se visse, trois parties d'huile pour une partie de vinaigre (ou quatre ou cinq parties d'huile pour une de jus de citron). Secouez le bocal pour bien mélanger.

VINAIGRETTE CLASSIQUE ET VARIANTES

5 ml	**moutarde de Dijon**	1 c. à thé
25 ml	**huile d'olive**	2 c. à table
15 ml	**vinaigre de vin rouge**	1 c. à table
	sel et poivre au goût	

Dans un grand bol, bien mélanger tous les ingrédients.

Cette vinaigrette, ainsi que ces variantes, peuvent accompagner une multitude de salades. Quelques feuilles de votre laitue préférée, un peu de vinaigrette et le tour est joué. Rien ne vous empêche d'ajouter des légumes, des fruits, des noix ou du fromage selon les ingrédients dont vous disposez, c'est une excellente façon de passer les restes.

■ ■ ■

10 ml	**moutarde de Dijon**	2 c. à thé
50 ml	**huile d'olive**	1/4 tasse
15 ml	**vinaigre de cidre**	1 c. à table
	aux fines herbes	
15 ml	**jus de citron**	1 c. à table
	sel et poivre au goût	

Dans un grand bol, bien mélanger la moutarde de Dijon, l'huile d'olive, le vinaigre de cidre et le jus de citron; assaisonner.

■ ■ ■

10 ml	**moutarde de Dijon**	2 c. à thé
25 ml	**huile d'olive**	2 c. à table
25 ml	**eau**	2 c. à table
15 ml	**jus de citron**	1 c. à table
15 ml	**vinaigre de vin blanc**	1 c. à table
	sel et poivre au goût	

■ ■ ■

15 ml	**persil frais haché**	1 c. à table
15 ml	**moutarde de Dijon**	1 c. à table
45 ml	**vinaigre de vin**	3 c. à table
125 ml	**huile d'olive** *ou* **végétale**	1/2 tasse

Vinaigrettes

■ ■ ■

25 ml	**huile d'olive**	2 c. à table
25 ml	**eau**	2 c. à table
25 ml	**vinaigre de fruits**	2 c. à table
1 pincée	**sucre**	1 pincée
1 pincée	**moutarde sèche**	1 pincée
	poivre au goût	

Huile et vinaigre

■ ■ ■

1	**gousse d'ail hachée finement**	1
5 ml	**basilic séché**	1 c. à thé
5 ml	**moutarde de Dijon**	1 c. à thé
	ou **de Meaux**	
25 ml	**jus de citron**	2 c. à table
25 ml	**vinaigre de vin rouge**	2 c. à table
	ou **de fruits**	
50 ml	**huile d'olive** *ou* **végétale**	1/4 tasse
	poivre au goût	

■ ■ ■

50 ml	**vinaigre balsamique**	1/4 tasse
75 ml	**huile d'olive vierge**	1/3 tasse
	sel et poivre au goût	

■ ■ ■

Vinaigrettes

Huile et vinaigre

VINAIGRETTE AUX CANNEBERGES

10 ml	**moutarde de Dijon**	2 c. à thé
50 ml	**huile d'olive**	1/4 tasse
25 ml	**vinaigre de framboises**	2 c. à table
25 ml	**canneberges séchées**	2 c. à table
25 ml	**eau**	2 c. à table
	sel et poivre au goût	

Dans un grand bol, mélanger la moutarde de Dijon, l'huile d'olive, le vinaigre de framboises, les canneberges et l'eau. Saler et poivrer.

~ S U G G E S T I O N ~
Salade de fèves germées ensoleillée

Dans un grand bol mélanger 1 L (4 tasses) de fèves germées blanchies quelques secondes dans l'eau bouillante, 250 ml (1 tasse) de bouquets de brocolis blanchis, 175 ml (3/4 tasse) de haricots verts blanchis, 199 ml (6,5 oz) de maïs en grains, 250 ml (1 tasse) de champignons émincés, 250 ml (1 tasse) de cheddar, 125 g (4 oz) de jambon maigre, cuit et émincé, 25 ml (2 c. à table) de persil frais haché et 1 L (4 tasses) de laitues variées, déchiquetées. Ajouter la vinaigrette et mélanger.

Donne 4 portions

On peut remplacer l'huile d'olive par de l'huile à l'échalote française et au poivre

VINAIGRETTE AU BASILIC

5 ml	**moutarde de Dijon**	1 c. à thé
50 ml	**huile d'olive**	1/4 tasse
15 ml	**vinaigre balsamique**	1 c. à table
	ou **de vin blanc**	
5 ml	**jus de citron**	1 c. à thé
50 ml	**basilic frais haché**	1/4 tasse
	ou	
5 ml	**basilic séché**	1 c. à thé
	sel et poivre au goût	

Vinaigrettes

Huile et vinaigre

Dans un bol, mélanger la moutarde de Dijon, l'huile d'olive, le vinaigre, le jus de citron et le basilic. Saler et poivrer.

~ SUGGESTION ~
Salade de tomates et bocconcini

Mettre dans un bol la vinaigrette et 16 tomates coupées en deux. Faire mariner pendant 15 minutes. Griller sur le barbecue 8 tranches épaisses de bocconcini pendant 1 minute. Au moment de servir, incorporer 500 ml (2 tasses) de laitue au choix à la préparation de tomates et servir avec les tranches de bocconcini.

Donne 4 portions

On peut remplacer l'huile d'olive par de l'huile au thym et aux deux citrons. On peut remplacer le vinaigre balsamique par du vinaigre au basilic aillé

— ▦ —

Le bocconcini est de la mozzarella fraîche. Si vous n'en trouvez pas, remplacez-le par des gros cubes de mozzarella.

— ▦ —

Vinaigrettes

Huiles et vinaigres

VINAIGRETTE DE NOIX DE GRENOBLE

50 ml	**noix de Grenoble hachées, non salées**	1/4 tasse
2	**gousses d'ail pelées**	2
50 ml	**vinaigre balsamique** *ou* **vinaigre de fruits**	1/4 tasse
15 ml	**moutarde de Dijon**	1 c. à soupe
5 ml	**poivre**	1 c. à thé
75 ml	**huile d'olive** *ou* **végétale**	1/3 tasse

À l'aide du robot culinaire, broyer les noix et l'ail. Ajouter le vinaigre, la moutarde et le poivre. Bien mélanger. Incorporer graduellement l'huile d'olive jusqu'à ce que la vinaigrette épaississe. Réserver.

~ SUGGESTION ~

Salade d'épinards à la vinaigrette de noix de Grenoble.

Dans un bol déchiqueter 2 paquets d'épinards y verser la vinaigrette. Garnir de 25 ml (2 c. à table) de simili bacon et de 125 ml (1/2 tasse) de fromage de chèvre en cubes. Saupoudre de 50 ml (1/4 tasse) de carottes râpées. On peut ajouter des oranges à cette salade.

Donne 4 portions

On peut remplacer le vinaigre balsamique par du vinaigre à la vanille

—■—

Conservez les noix de Grenoble au réfrigérateur ou au congélateur, sinon elles ranciront.

—■—

VINAIGRETTE À L'OIGNON

1	**oignon moyen coupé finement**	1
45 ml	**huile de tournesol** *ou* **autre**	3 c. à table
15 ml	**vinaigre de fruits**	1 c. à table
10 ml	**moutarde de Dijon**	2 c. à thé
	poivre au goût	

Faire revenir l'oignon dans l'huile chaude, sans le colorer. Déposer dans le bol du robot et ajouter le vinaigre, le poivre, la moutarde et faire tourner jusqu'à obtention d'un mélange homogène.

~ S U G G E S T I O N ~

Salade tiède d'épinards aux saucisses fumées

Cuire 4 saucisses fumées et les couper en petits morceaux. Réserver. Napper de la vinaigrette 2 paquets d'épinards, ajouter les saucisses. Garnir de d'amandes effilées et saupoudrer de paprika. Bien mélanger. Juste avant de servir, garnir de croûtons à l'ail et saupoudrer de fromage râpé au choix.

Donne 4 portions

On peut remplacer l'huile de tournesol par de l'huile à l'échalote française et au poivre. On peut remplacer le vinaigre de fruits par du vinaigre à l'anis et à la cannelle

Vinaigrettes

Huile et vinaigre

VINAIGRETTE À L'ORANGE

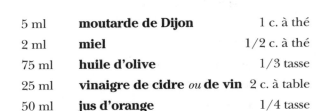

Vinaigrettes

Huile et vinaigre

5 ml	**moutarde de Dijon**	1 c. à thé
2 ml	**miel**	1/2 c. à thé
75 ml	**huile d'olive**	1/3 tasse
25 ml	**vinaigre de cidre** *ou* **de vin**	2 c. à table
50 ml	**jus d'orange**	1/4 tasse

Dans un grand bol, mélanger la moutarde de Dijon, le miel, l'huile d'olive, le vinaigre et le jus d'orange.

~ S U G G E S T I O N ~

Salade d'épinards et de cresson aux agrumes

Préchauffer le four à 180 °C (350 °F). Déposer 2 bagels coupés en petits cubes sur une plaque à biscuits et cuire 10 minutes environ. Réserver. Dans un grand bol mélanger 1 sac d'épinards, 500 ml (2 tasses) de cresson, 1 pample-mousse pelé et coupé en suprêmes, 2 oranges pelées et cou-pées en suprêmes, 1 citron ou 1 lime, pelé et coupé en suprêmes. Ajouter les cubes de bagels. Incorporer la vinaigrette, bien mélanger et servir.

Donne 4 portions

On peut remplacer l'huile d'olive par de l'huile provençale
On peut remplacer le vinaigre de cidre par du vinaigre à l'orange

VINAIGRETTE TIÈDE
AUX GRAINES DE SÉSAME

50 ml	**graines de sésame**	1/4 tasse
50 ml	**huile d'arachide** *ou* **végétale**	1/4 tasse
25 ml	**huile de sésame**	2 c. à table
25 ml	**vinaigre de riz** *ou* **de cidre**	2 c. à table
10 ml	**fécule de maïs**	2 c. à thé

Dans une poêle, faire griller les graines de sésame, à feu moyen, pendant 3 à 4 minutes. Retirer de la poêle et réserver. Dans une casserole, mélanger les huiles, le vinaigre et la fécule de maïs. Amener à ébullition et faire bouillir, en remuant constamment, pendant 3 minutes. Verser sur la salade et mélanger délicatement. Saupoudrer des graines de sésame.

~ S U G G E S T I O N ~
Salade de dindon au parfum de Chine

Faire mariner pendant 4 heures 500 g (1 lb) de poitrines de dindon coupées en fines lanières dans un mélange composé de 50 ml (1/4 tasse) de sauce soya, de 5 ml (1 c. à thé) de gingembre frais râpé et d'une gousse d'ail finement hachée. Retirer le dindon de la marinade. Le faire revenir sur un feu moyen-vif pendant 4 minutes de chaque côté, ou jusqu'à ce qu'il ait perdu sa teinte rosée.

Utilisez avec parcimonie l'huile de sésame, car son goût est très prononcé.

Dans un saladier, mélanger 50 ml (1/4 tasse) de coriandre fraîche hachée, 750 ml (3 tasses) de laitue chinoise, 250 ml (1 tasse) de fèves germées et 4 oignons verts émincés. Incorporer le dindon et arroser de vinaigrette tiède. Servir immédiatement.

Donne 4 portions

On peut remplacer l'huile d'arachide par de l'huile asiatique
On peut remplacer le vinaigre de riz par du vinaigre à la ciboulette

Vinaigrettes

Huiles et vinaigres

VINAIGRETTE LIBANAISE

1/2	**oignon haché**	1/2
	jus de un citron	
2,5 ml	**sel**	1/2 c. à thé
15 ml	**semak/sumac* (facultatif)**	1 c. à table
50 ml	**huile d'olive**	1/4 tasse

Faire la vinaigrette en réunissant l'oignon, le jus de citron, le sel, le semak/sumac et l'huile d'olive.

*On peut se procurer le semak/sumac dans les épiceries arabes.

~ S U G G E S T I O N ~
Fattouche

Dans un grand bol, réunir 1/2 poivron vert coupé en morceaux, 1 ou 2 tomates coupées en morceaux, 6 feuilles de laitue romaine, 1/2 concombre coupé en rondelles ou en dés, 6 à 8 radis coupés en rondelles, 1/2 botte de persil, 2 oignons verts émincés, 1 gousse d'ail hachée finement et 2 pains pitas grillés et coupés en petits carrés. Verser la vinaigrette, mélanger délicatement. Servir immédiatement.

Donne 2 portions

On peut remplacer l'huile d'olive par de l'huile au poivron rouge

VINAIGRETTE PIQUANTE

10 ml	**moutarde de Dijon**	2 c. à thé
1	**jaune d'œuf**	1
50 ml	**huile d'olive**	1/4 tasse
15 ml	**vinaigre de vin rouge**	1 c. à table
	ou **blanc**	
15 ml	**pesto***	1 c. à table
15 ml	**sauce au poivron rouge**	1 c. à table
	piquante du commerce	
	sel et poivre au goût	

Dans un grand bol, mélanger la moutarde de Dijon, le jaune d'œuf, l'huile d'olive en filet, le vinaigre, le pesto et la sauce au poivron rouge; assaisonner.

*On peut ajouter du pesto du commerce ou le préparer soi-même (voir la recette à la page 83).

~ S U G G E S T I O N ~
Salade d'orecchini à l'antipasto

Cuire selon les indications du fabricant 125 g (1/4 lb) d'orecchini ou de toute autre pâte alimentaire de petite taille. Réserver. Dans un saladier, mélanger 1/2 poivron coupé en lanières, 125 ml (1/2 tasse) de céleri en dés, 375 ml (1 1/2 tasse) d'antipasto du commerce, 5 ml (1 c. à thé) de paprika et 25 ml (2 c. à table) de persil frais haché. Ajouter les pâtes et la vinaigrette. Bien mélanger. Décorer de quelques feuilles d'endive, de tomates cerises et de bouquets de persil.

Donne 4 portions

On peut remplacer l'huile d'olive par de l'huile au poivron rouge
On peut remplacer le vinaigre de vin par du vinaigre aux piments jalapeños

Vinaigrettes

VINAIGRETTE AUX BLEUETS

125 ml	huile d'olive	1/2 tasse
50 ml	vinaigre de cidre	1/4 tasse
1/2 ml	ail frais émincé	1/8 c. à thé
2 ml	poivron vert haché	1/2 c. à thé
2 ml	oignon haché	1/2 c. à thé
5 ml	sucre	1 c. à thé
250 ml	bleuets frais *ou* congelés (décongelés et égouttés)	1 tasse

Déposer tous les ingrédients dans le bol du robot culinaire et réduire en purée. Passer au tamis et réfrigérer.

~ S U G G E S T I O N ~
Verdures à la vinaigrette aux bleuets

Verser la vinaigrette sur 2 à 3 L (8 à 12 tasses) de verdures assorties : laitue rouge, laitue feuille de chêne, laitue verte en feuilles, romaine, épinards. Ajouter 3 pommes tranchées finement (ne pas les peler). Mélanger. Décorer de bleuets frais.

Donne 6 portions

On peut remplacer le vinaigre de cidre par du vinaigre aux groseilles et aux framboises

VINAIGRETTE À L'ORIENTALE

50 ml	**sauce soya légère**	1/4 tasse
50 ml	**vinaigre de riz**	1/4 tasse
25 ml	**huile d'olive**	1 c. à table
15 ml	**huile de sésame**	1 c. à table
2 ml	**gingembre frais haché finement**	1/2 c. à thé
1	**gousse d'ail, hachée finement**	1
1 pincée	**piment de la Jamaïque**	1 pincée
	sel et poivre du moulin au goût	

Dans un bol moyen, bien mélanger au fouet la sauce soya, le vinaigre de riz, l'huile d'olive, l'huile de sésame, le gingembre, l'ail et le piment de la Jamaïque. Assaisonner.

~ S U G G E S T I O N ~
Salade de bœuf à l'orientale

Assaisonner 750 g (1 1/2 lb) de bifteck de surlonge maigre. Dans une poêle antiadhésive, faire chauffer 15 ml (1 c. à table) d'huile végétale et la même quantité de margarine, et y faire revenir à feu vif les biftecks afin d'obtenir une cuisson saignante. Retirer de la poêle et laisser reposer de 4 à 5 minutes, puis émincer la viande en fines lanières de 5 cm (2 po) de long. Dans un grand bol, mélanger 1 L (4 tasses) de laitue romaine, 1 L (4 tasses) de laitue boston, 500 ml (2 tasses) de radicchio, 500 ml (2 tasses) d'épinards frais. Ajouter le bifteck et verser la vinaigrette. Bien mélanger. Garnir de rondelles d'oignon et de graines de sésame grillées.

Donne 6 portions

On peut remplacer l'huile d'olive par de l'huile au gingembre et à la sauge. On peut remplacer l'huile de sésame par de l'huile asiatique. On peut remplacer le vinaigre de riz par du vinaigre à la coriandre.

— ▪ —

Pour faire griller les graines de sésame, faites-les revenir dans un poêlon durant 2 à 3 minutes, à feu moyen. Comme elles brûlent facilement, surveillez-en la cuisson.

— ▪ —

VINAIGRETTE DE MANGUE

1	**jaune d'œuf**	1
5 ml	**moutarde de Dijon**	1 c. à thé
50 ml	**vinaigre de Champagne**	1/4 tasse
75 ml	**purée de mangue fraîche**	1/3 tasse
125 ml	**huile végétale**	1/2 tasse
	jus de 1 citron	
	sel et poivre au goût	

Dans un bol, mélanger ensemble les 4 premiers ingrédients et assaisonner. Incorporer l'huile végétale en filet au fouet. Ajouter le jus de citron et vérifier l'assaisonnement.

~ SUGGESTION ~
Fines laitues à la vinaigrette de mangue

Dans un grand bol, mélanger 1,5 L (6 tasses) de fines laitues au choix (endives, mâche, boston) et 50 ml (1/4 tasse) de ciboulette ciselée. Napper de vinaigrette et servir.

Donne 4 portions

On peut remplacer le vinaigre de champagne par du vinaigre à la mangue

CRÉMEUSE À LA CIBOULETTE

5 ml	**moutarde de Dijon**	1 c. à thé
50 ml	**huile d'olive**	1/4 tasse
15 ml	**vinaigre de vin rouge**	1 c. à table
	ou **blanc**	
25 ml	**mayonnaise**	2 c. à table
25 ml	**ciboulette fraîche hachée**	2 c. à table
25 ml	**persil frais haché**	2 c. à table
	sel et poivre au goût	

Dans un petit bol, mélanger tous les ingrédients de la vinaigrette et ajouter la mayonnaise ; réserver.

~ SUGGESTION ~
Salade de poireaux à la gribiche

Dans une casserole, faire blanchir 16 petits poireaux dans l'eau bouillante salée pendant 3 à 4 minutes et refroidir rapidement à l'eau froide. Égoutter sur du papier essuie-tout; réserver. Dans une casserole, faire cuire 2 œufs moyens pendant 12 minutes. Refroidir, écaler, râper et réserver. Dresser des feuilles de laitues sur un plat de service et garnir de poireaux entiers. Napper de vinaigrette, saupoudrer d'œufs râpés, de ciboulette et de persil. Décorer de tomates et d'olives.

Donne 4 portions

On peut remplacer l'huile d'olive par de l'huile au romarin et à l'ail
On peut remplacer le vinaigre de vin par du vinaigre à la ciboulette

CRÉMEUSE AUX CÂPRES

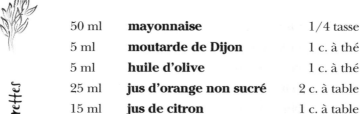

Vinaigrettes

50 ml	**mayonnaise**	1/4 tasse
5 ml	**moutarde de Dijon**	1 c. à thé
5 ml	**huile d'olive**	1 c. à thé
25 ml	**jus d'orange non sucré**	2 c. à table
15 ml	**jus de citron**	1 c. à table
25 ml	**câpres hachées**	2 c. à table
25 ml	**persil frais haché**	2 c. à table

Huile et vinaigres

Dans un grand bol, mélanger la mayonnaise, la moutarde de Dijon, l'huile d'olive, le jus d'orange, le jus de citron, les câpres et le persil.

~ SUGGESTION ~
Salade romaine à la ricotta

Dans un grand bol, mélanger une petite salade romaine coupée en gros morceaux, des croûtons du commerce, 50 g (1 1/2 oz) de jambon extra maigre tranché et 250 ml (1 tasse) de ricotta. Ajouter 250 ml (1 tasse) de carottes râpées et 2 tomates coupées en 6 morceaux. Napper de vinaigrette et mélanger.

Donne 4 à 6 portions

On peut remplacer l'huile d'olive par de l'huile à l'orange

— ■ —

Manger de la salade
est une excellente
façon de diminuer
la consommation
de viande.

— ■ —

CRÉMEUSE AU SOYA

50 ml	**mayonnaise**	1/4 tasse
5 ml	**moutarde aux fines herbes**	1 c. à thé
15 ml	**jus de citron**	1 c. à table
15 ml	**sauce soya légère**	1 c. à table
2	**oignons verts hachés**	2

Dans un grand bol, mélanger la mayonnaise, la moutarde, le jus de citron, la sauce soya et les oignons.

~ S U G G E S T I O N ~

Salade de haricots variés

Blanchir 375 g (3/4 lb) de fèves germées quelques minutes dans l'eau bouillante. Refroidir rapidement à l'eau froide et égoutter. Dans un grand bol, mélanger les fèves germées, 250 ml (1 tasse) de champignons émincés, 32 pois mangetout blanchis, 8 olives noires entières, 250 ml (1 tasse) de céleri coupé en morceaux et blanchi. Assaisonner. Napper de vinaigrette et bien mélanger. Dresser la préparation sur des feuilles de laitue. Garnir de tomates cerises et de persil.

Donne 4 portions

Vinaigrettes

Huiles et vinaigres

— ▩ —

Faire revenir jusqu'à tendreté des échalotes finement hachées dans quelques cuillerées de vinaigre de vin rouge. Verser cette préparation dans une salade de pommes de terre ou de haricots.

— ▩ —

CRÉMEUSE À LA SALSA

Vinaigrettes

5 ml	**moutarde de Dijon**	1 c. à thé
25 ml	**huile d'olive**	2 c. à table
10 ml	**vinaigre de vin rouge**	2 c. à thé
15 ml	**jus de lime**	1 c. à table
250 ml	**salsa du commerce**	1 tasse

Dans un grand bol, mélanger tous les ingrédients de la sauce à salade.

Huile et vinaigrer

~ S U G G E S T I O N ~

Salade d'avocats à la mexicaine

Dans un grand bol, mélanger 1 boîte de maïs en grains égoutté, 125 ml (1/2 tasse) de céleri en dés, 125 ml (1/2 tasse) de haricots verts blanchis, 2 avocats pelés, dénoyautés et tranchés, 1/2 poivron vert coupé en lanières, 1/2 poivron rouge coupé en lanières et la vinaigrette. Dresser des feuilles de laitue boston dans quatre assiettes, y déposer la salade d'avocats, décorer de coriandre fraîche et garnir de zestes d'orange. Servir avec des tortillas.

Donne 4 portions

On peut remplacer l'huile d'olive par de l'huile au poivron rouge
On peut remplacer le vinaigre de vin par du vinaigre à la mangue

— ■ —

Pour faire
« mûrir » un avocat,
le mettre au micro-
ondes à «defrost»
pendant
2 ou 3 minutes,
puis le laisser reposer
10 minutes.

— ■ —

CRÉMEUSE AU YOGOURT

25 ml	**mayonnaise légère**	2 c. à table
50 ml	**yogourt nature léger (1 %)**	1/4 tasse
15 ml	**vinaigre balsamique**	1 c. à table
	ou **de vin rouge**	
15 ml	**jus de citron**	1 c. à table
25 ml	**sarriette fraîche, hachée**	2 c. à table
	ou	
5 ml	**sarriette séchée**	1 c. à thé
	sel et poivre, au goût	

Dans un grand bol, mélanger la mayonnaise, le yogourt, le vinaigre balsamique, le jus de citron et la sarriette; assaisonner.

~ S U G G E S T I O N ~
Salade de pois chiches et tofu

Dans un grand bol, mélanger 540 ml (19 oz) de pois chiches en conserve égouttés, 175 ml (3/4 tasse) de pommes de terre cuites et coupées en dés, 175 ml (3/4 tasse) de tofu coupé en dés, 2 pommes rouges pelées, épépinées et coupées en dés, 25 ml (2 c. à table) de câpres, 2 oignons verts émincés, 25 ml (2 c. à table) de persil frais haché. Ajouter la sauce au yogourt; mélanger. Servir sur des nids de laitue.

Donne 4 portions

On peut remplacer le vinaigre balsamique par le vinaigre provençal

Le tofu renferme moins de 5% de matières grasses et, de plus, est une bonne source de protéines, de minéraux et de vitamines B.

Vinaigrettes

Huiles et vinaigres

CRÉMEUSE AU FENOUIL

125 ml	**huile d'olive**	1/2 tasse
125 ml	**crème sure**	1/2 tasse
50 ml	**jus de citron**	1/4 tasse
125 ml	**feuilles de fenouil hachées**	1/2 tasse
1	**petite gousse d'ail écrasée**	1

Dans un grand bol, combiner l'huile d'olive, la crème sure, le jus de citron, le fenouil et l'ail.

~ S U G G E S T I O N ~
Salade de homard et de pâtes

Ajouter à la vinaigrette 500 ml (2 tasses) de homard cuit, 250 ml (1 tasse) de tomates coupées en dés, 25 ml (2 c. à table) d'oignons verts hachés finement et 5 ml (1 c. à thé) de poivre noir. Bien mélanger. Couvrir et réserver à la température de la pièce pendant 1 heure. Entre-temps, cuire 250 g (1 tasse) de fusilli jusqu'à ce qu'ils soient *al dente*. Égoutter les pâtes et les couvrir d'eau froide pour arrêter la cuisson ; égoutter à nouveau lorsque les pâtes sont refroidies. Ajouter la préparation de homard et 50 ml (1/4 tasse) de saumon fumé aux pâtes. Bien mélanger. Réfrigérer au moins une heure avant de servir.

Donne 4 portions

On peut remplacer l'huile d'olive par de l'huile à l'aneth et à l'anis

Al dente : cette expression italienne décrit l'état des pâtes lorsqu'elles sont cuites, mais encore fermes sous la dent.

CRÉMEUSE AU PESTO

PESTO

250 ml	**basilic frais haché grossièrement**	1 tasse
15 ml	**ail frais haché grossièrement**	1 c. à table
25 ml	**noix de pin**	2 c. à table
50 ml	**parmesan râpé**	1/4 tasse
125 ml	**huile d'olive**	1/2 tasse

SAUCE À SALADE

25 ml	**moutarde de Dijon**	2 c. à table
50 ml	**mayonnaise**	1/4 tasse

Au robot culinaire, mélanger les ingrédients du pesto. Incorporer la moutarde de Dijon et la mayonnaise, mélanger doucement; réserver.

~ SUGGESTION ~
Salade terre et mer au pesto

Dans un grand bol, mélanger 2 boîtes (184 g/ 6,5 oz) de thon émietté et égoutté, 2 oignons verts hachés, 250 ml (1 tasse) de tofu coupé en petits dés, 125 ml (1/2 tasse) de céleri coupé en petits dés, 250 ml (1 tasse) de maïs en grains, 1 poivron rouge coupé en dés, 12 olives vertes ou noires dénoyautées, sel et poivre au goût. Ajouter la vinaigrette au pesto. Mélanger. Garnir un plat de service de feuilles de laitue et y déposer le mélange de thon. Décorer de filets d'anchois, d'œufs durs, de tomates, de pousses d'oignons ou de luzerne et de bouquets de basilic.

— ■ —

Pour réduire la consommation de matières grasses, utiliser du thon conservé à l'eau plutôt qu'à l'huile.

— ■ —

Donne 4 portions

On peut remplacer l'huile d'olive par de l'huile au basilic et à la verveine

CRÉMEUSE À LA ROMAINE

1	œuf, cuit dur	1
50 ml	huile d'olive	1/4 tasse
25 ml	jus de citron	2 c. à table
25 ml	ciboulette hachée	2 c. à table
15 ml	persil frais haché	1 c. à table
15 ml	estragon ciselé	1 c. à table

Écraser le jaune d'œuf et le déposer dans le bol du robot culinaire. Verser l'huile d'olive, ajouter le jus de citron et les fines herbes, mélanger.

~ SUGGESTION ~
Brocoli à la romaine

Cuire le brocoli dix minutes et l'égoutter. Verser la vinaigrette sur le brocoli tiède.

Donne 4 portions

On peut remplacer l'huile d'olive par de l'huile au romarin et à l'ail

150 ml	**yogourt nature léger**	2/3 tasse
125 ml	**cheddar moyen léger râpé**	1/2 tasse
15 ml	**jus de citron**	1 c. à table
5 ml	**moutarde de Dijon**	1 c. à thé
15 ml	**ciboulette hachée finement**	1 c. à table

Dans un bol, réunir le yogourt, le fromage, le jus de citron, la moutarde de Dijon et la ciboulette. Bien mélanger.

~ S U G G E S T I O N ~

Salade de poires aux noisettes

Garnir de feuilles de laitues quatre assiettes, y répartir 8 demi-poires en conserve, égouttées et tranchées. Napper les poires de vinaigrette. Saupoudrer de noisettes hachées.

Donne 4 portions

Vinaigrettes

Huiles et vinaigres

Préparez une plus grande quantité de vinaigrette et conservez-la au réfrigérateur. Vous pourrez vous en servir pendant toute la semaine.

À LA CRÈME SURE

50 ml	**moutarde de Dijon**	1/4 tasse
15 ml	**crème sure légère (1 %)**	1 c. à table
15 ml	**huile d'olive**	1 c. à table
15 ml	**vinaigre de vin rouge**	1 c. à table
5 ml	**jus de citron**	1 c. à thé
	sel et poivre au goût	

Dans un grand bol, mélanger la moutarde de Dijon, la crème sure, l'huile d'olive, le vinaigre et le jus de citron ; assaisonner.

~ S U G G E S T I O N ~
Salade d'automne aux deux pommes

Réunir 375 g (3/4 lb) de pommes de terre grelots cuites et coupées en deux, 4 pommes vertes pelées, épépinées et coupées en 6, 250 ml (1 tasse) de céleri émincé, 1/2 poivron rouge coupé en dés, 213 ml (7 oz) de maïs en grains, 1 oignon vert émincé, 25 ml (2 c. à table) de persil haché frais, 1 tomate coupée en quatre ou 4 tomates cerises. Ajouter la sauce à la crème sure, mêler délicatement. Déposer des nids de laitue sur des assiettes et garnir de la préparation aux pommes.

Donne 4 portions

On peut remplacer l'huile d'olive par de l'huile au safran
On peut remplacer le vinaigre de vin rouge par du vinaigre à la ciboulette

CRÉMEUSE AU ROQUEFORT

75 ml	**mayonnaise**	1/3 tasse
125 ml	**fromage roquefort coupé en cubes**	1/2 tasse
25 ml	**huile d'olive**	2 c. à table
5 ml	**moutarde de Dijon**	1 c. à thé
15 ml	**vinaigre de cidre** *ou* **blanc**	1 c. à table
15 ml	**jus de citron**	1 c. à table
15 ml	**raifort (facultatif)**	1 c. à table
5 ml	**ail haché**	1 c. à thé

Au robot culinaire ou au mélangeur électrique, mélanger la mayonnaise, le roquefort, l'huile d'olive, la moutarde de Dijon, le vinaigre, le jus de citron, le raifort et l'ail.

~ SUGGESTION ~

Salade du jardin au coulis de roquefort

Dans un grand bol, réunir 1,5 L (6 tasses) de laitue au choix, 2 tomates coupées en quartiers, 1/2 concombre pelé, épépiné et coupé en dés, 8 tranches de bacon cuites et émincées, 15 ml (1 c. à table) de persil frais haché et la vinaigrette crémeuse au roquefort. Mélanger. Répartir dans quatre assiettes et décorer de suprêmes d'agrumes, de noix de pin et de fromage.

Donne 4 portions

On peut remplacer le vinaigre de cidre par du vinaigre à l'estragon et aux abricots

Pour hacher facilement le persil, séparer les bouquets des tiges, laver les bouquets, les essorer et les placer dans un bol. Les couper menu aux ciseaux, à l'intérieur du bol.

CRÉMEUSE À L'ÉRABLE

175 ml	**mayonnaise**	3/4 tasse
15 ml	**jus de citron**	1 c. à table
5 ml	**vinaigre de vin rouge**	1 c. à thé
175 ml	**sucre**	3/4 tasse
45 ml	**sirop d'érable pur**	3 c. à table
2 ml	**persil frais haché**	1/2 c. à thé

Mélanger tous les ingrédients de la vinaigrette jusqu'à ce que la préparation soit onctueuse. Couvrir et réfrigérer.

~ S U G G E S T I O N ~
Salade d'épinards et de pommes

Déposer 250 g (8 oz) d'épinards frais dans un saladier, ajouter 2 tranches de bacon cuites et émincées, 1 pomme non pelée et coupée en dés, 50 ml (1/4 tasse) de cheddar râpé, 50 ml (1/4 tasse) de mozzarella râpée. Ajouter la vinaigrette et mélanger délicatement.

Donne 6 à 8 portions

On peut remplacer le vinaigre de vin rouge par du vinaigre
aux fraises des bois

CRÉMEUSE AU SÉSAME

15 ml	mayonnaise	1 c. à table
25 ml	sirop de maïs	2 c. à table
50 ml	vinaigre de riz	1/4 tasse
25 ml	graines de sésame, grillées	2 c. à table
25 ml	huile de sésame	2 c. à table
125 ml	huile de tournesol	1/2 tasse

Vinaigrettes

Dans un bol, mélanger la mayonnaise, le sirop de maïs, le vinaigre de riz, les graines de sésame, l'huile de sésame et l'huile de tournesol.

~ S U G G E S T I O N ~
Panaché à l'orientale

Huiles et vinaigres

Dans un beau saladier de verre transparent, superposer 500 ml (2 tasses) de chou chinois émincé, 500 ml (2 tasses) d'épinards émincés, 250 ml (1 tasse) de fenouil haché finement, 500 ml (2 tasses) de fèves germées, 500 ml (2 tasses) de champignons tranchés, 250 ml (1 tasse) de germes de luzerne. Au moment de servir verser la vinaigrette sur la salade et bien mélanger le tout.

Donne 4 portions

On peut remplacer l'huile de sésame par de l'huile jamaïcaine
On peut remplacer l'huile de tournesol par de l'huile jamaïcaine
On peut remplacer le vinaigre de riz par du vinaigre à la vanille

Les choux (rouges, blancs, de Savoie, chinois) sont une excellente source de vitamines C et de fibres; ils sont en outre pauvres en calories.

CRÉMEUSE AU FROMAGE DE CHÈVRE ET NOIX DE GRENOBLE

Vinaigrettes

Huiles et vinaigres

250 ml	**babeurre**	1 tasse
150 ml	**fromage de chèvre**	2/3 tasse
	à 20 % de M.G.	
25 ml	**mayonnaise légère**	2 c. à table
15 ml	**huile d'olive**	1 c. à table
15 ml	**jus de citron frais**	1 c. à table
1/2	**gousse d'ail**	1/2
50 ml	**noix de Grenoble**	1/4 tasse
	sel et poivre du moulin au goût	
50 ml	**fromage cottage léger (1 %)**	1/4 tasse

Dans le bol du mélangeur ou du robot culinaire, réunir le babeurre, le fromage de chèvre, la mayonnaise, l'huile d'olive, le jus de citron, l'ail et les noix de Grenoble. Assaisonner et réduire le tout en purée lisse. Incorporer le fromage cottage à la cuillère. Si vous n'avez pas de babeurre à portée de la main ou si vous n'en trouvez pas chez votre épicier, remplacez-le par du yogourt nature ou de la crème sure.

~ S U G G E S T I O N ~

Symphonie de laitue au fromage de chèvre grenoblois

Le cresson a un goût légèrement poivré.

Retirer de 2 endives 20 belles feuilles et les disposer en étoile sur 4 assiettes. Émincer les endives restantes, les déposer dans un bol puis ajouter 1,5 L (6 tasses) de laitues mélangées (radicchio, cresson, boston, etc.). Répartir le mélange de laitue au centre des endives et disperser des cubes de pomme sur le dessus. Napper les laitues de vinaigrette.

Donne 4 portions en entrée

On peut remplacer l'huile d'olive par de l'huile provençale

CRÉMEUSE AU FROMAGE DE CHÈVRE

250 ml	**babeurre**	1 tasse
50 ml	**mayonnaise**	1/4 tasse
125 ml	**tofu haché grossièrement**	1/2 tasse
75 ml	**fromage de chèvre**	1/3 tasse
25 ml	**huile de tournesol**	2 c. à table
25 ml	**jus de citron frais**	2 c. à table
1	**gousse d'ail**	1
	sel et poivre au goût	

Préparer la vinaigrette à l'aide du robot culinaire ou du mélangeur, en réunissant tous les ingrédients; mélanger afin d'obtenir un mélange lisse et onctueux.

~ S U G G E S T I O N ~
Salade de jeunes pousses

Dans un grand bol, réunir 375 ml (1 1/2 tasse) de laitue boston déchiquetée, 375 ml (1 1/2 tasse) de radicchio déchiqueté, 375 ml (1 1/2 tasse) de chou rouge émincé, 2 endives émincées et 1 paquet de cresson de fontaine. Disposer harmonieusement ce mélange sur 4 assiettes. Au moment de servir, napper les laitues de vinaigrette.

Donne 4 portions

On peut remplacer l'huile de tournesol par de l'huile au gingembre et à la sauge

— ▨ —

Rincer et éponger les laitues pour que la vinaigrette ne se dilue pas.

— ▨ —

CRÉMEUSE AU BASILIC

25 ml	**mayonnaise**	2 c. à table
25 ml	**huile d'olive**	2 c. à table
5 ml	**vinaigre de vin rouge**	1 c. à thé
	ou **régulier**	
5 ml	**moutarde de Dijon**	1 c. à thé
25 ml	**basilic frais haché**	2 c. à table
	ou	
2 ml	**basilic séché**	1/2 c. à thé

Dans un grand bol, mélanger tous les ingrédients de la sauce vinaigrette.

~ SUGGESTION ~
Bouquets d'endives du marché

Dans une casserole d'eau bouillante salée, blanchir légèrement 24 pois mange-tout (30 secondes) et 12 carottes en feuille (2 minutes). Réserver. Dans un grand bol, mélanger 1 L (4 tasses) d'endives (4 moyennes environ) avec la vinaigrette. Déposer une feuille de trévise dans chacune des quatre assiettes et garnir de salade d'endives. Terminer en décorant le tout de carottes, de pois mange-tout, de capicollo émincé, de fromage, de noix et de persil.

Donne 4 portions

On peut remplacer l'huile d'olive par de l'huile au basilic et à la verveine
On peut remplacer le vinaigre de vin par du vinaigre au basilic aillé

CRÉMEUSE AU RAIFORT

25 ml	**moutarde de Dijon**	2 c. à table
25 ml	**mayonnaise**	2 c. à table
15 ml	**huile d'olive**	1 c. à table
15 ml	**vinaigre de vin rouge**	1 c. à table
15 ml	**raifort**	1 c. à table
	sel et poivre au goût	

Dans un bol, mélanger la moutarde de Dijon, la mayonnaise, l'huile d'olive, le vinaigre de vin et le raifort; assaisonner et réserver.

~ S U G G E S T I O N ~

Salade d'avocats sans façon

Peler et dénoyauter 2 avocats. Les arroser de 15 ml (1 c. à table) de jus de citron et les couper en cubes. Dans un bol, mélanger les cubes d'avocats, 125 g (4 oz) de crevettes nordiques, 16 moules décortiquées, 1 oignon vert coupé en rondelles et la sauce au raifort. Dans un autre bol, mélanger 125 g (4 oz) de macaronis longs cuits, 15 ml (1 c. à table) d'huile d'olive, 50 ml (1/4 tasse) de basilic frais haché ou 5 ml (1 c. à thé) de basilic séché, 25 ml (2 c. à table) de persil frais haché. Saler et poivrer au goût. Garnir les assiettes de feuilles d'épinards, de macaronis et de préparation à l'avocat. Décorer de tomates cerises, de pois mange-tout et de persil.

Donne 4 portions

On peut remplacer l'huile d'olive par de l'huile jamaïcaine
On peut remplacer le vinaigre de vin rouge par du vinaigre
aux échalotes françaises

CRÉMEUSE À L'OIGNON ROUGE

25 ml	**moutarde de Dijon**	2 c. à table
25 ml	**mayonnaise légère**	2 c. à table
15 ml	**vinaigre de vin blanc**	1 c. à table
	ou **rouge**	
15 ml	**jus de citron**	1 c. à table
15 ml	**eau froide**	1 c. à table
25 ml	**persil frais, haché**	2 c. à table
50 ml	**oignons rouges hachés**	1/4 tasse
5 ml	**ail frais haché**	1 c. à thé
	sel et poivre au goût	

Dans un grand bol, mélanger la moutarde de Dijon, la mayonnaise, le vinaigre de vin, le jus de citron, l'eau, le persil, les oignons et l'ail; assaisonner.

~ S U G G E S T I O N ~

Salade de haricots aux cœurs de palmiers

Dans une casserole d'eau bouillante salée, faire blanchir 1 L (4 tasses) de haricots verts et les refroidir rapidement à l'eau froide. Couper 250 ml (1 tasse) de cœurs de palmiers en tranches. Incorporer les haricots et les cœurs de palmiers au mélange de mayonnaise et bien mélanger. Garnir les assiettes de feuilles de laitue et y déposer la préparation de haricots et de cœurs de palmiers. Décorer de julienne de carottes.

— ▦ —

L'oignon rouge a une saveur douce et sucrée. Il accompagne très bien les salades.

— ▦ —

Donne 4 portions

On peut remplacer le vinaigre de vin par du vinaigre à l'anis et à la cannelle

CRÉMEUSE À L'AVOCAT

1	**avocat mûr**	1
25 ml	**jus de citron**	2 c. à table
50 ml	**mayonnaise**	1/4 tasse
250 ml	**yogourt nature léger**	1 tasse
25 ml	**coriandre fraîche** *ou* **persil**	2 c. à table
	frais, haché grossièrement	
	sel et poivre au goût	

Peler l'avocat et retirer le noyau. Au robot culinaire, mélanger l'avocat, le jus de citron, la mayonnaise, le yogourt et la coriandre ou le persil. Assaisonner au goût et réserver.

~ S U G G E S T I O N ~
Salade de carottes à la crème d'avocat

Dans un bol, déposer 1 L (4 tasses) de carottes coupées en julienne très fine et 125 ml (1/2 tasse) de céleri haché. Incorporer la crème d'avocat; bien mélanger et réserver. Faire blanchir 12 pois mange-tout et 12 haricots jaunes à l'eau bouillante salée et les refroidir rapidement à l'eau froide. Dresser des feuilles de laitue dans le fond des assiettes. Garnir de pois mange-tout, de tomates cerises et de bouquets de coriandre ou de persil. Napper de crème à l'avocat et servir.

Donne 4 à 6 portions

Décorer les salades de fleurs comestibles: géraniums, pétales de roses, pensées, capucines, etc.

CRÉMEUSE AUX TOMATES SÉCHÉES

50 ml	**mayonnaise légère**	1/4 tasse
5 ml	**moutarde de Dijon**	1 c. à thé
50 ml	**vinaigre de vin rouge**	1/4 tasse
	ou **balsamique**	
5 ml	**huile d'olive**	1 c. à thé
1	**échalote française, émincée**	1
50 ml	**tomates séchées**	1/4 tasse
	à l'huile, égouttées	
	poivre du moulin au goût	

À l'aide du robot culinaire, mélanger la mayonnaise, la moutarde de Dijon et le vinaigre. Incorporer l'huile d'olive, bien mélanger puis ajouter l'échalote, les tomates séchées et actionner l'appareil jusqu'à ce que la vinaigrette devienne onctueuse. Assaisonner.

~ SUGGESTION ~
Romaine acidulée aux tomates séchées

Dans un petit bol, mélanger 2 tomates pelées et épépinées, coupées en dés, et 65 ml (1/4 tasse) de jus de citron. Répartir une demi-pomme de laitue romaine déchiquetée dans quatre assiettes, disposer en bouquets 1 paquet de cresson lavé et équeuté et parsemer de tomates.

Donne 4 portions

On peut remplacer l'huile d'olive par de l'huile au basilic et à la verveine
On peut remplacer le vinaigre de vin par du vinaigre provençal

CRÉMEUSE À L'ORANGE

25 ml	**mayonnaise**	2 c. à table
25 ml	**huile d'olive**	2 c. à table
15 ml	**vinaigre de vin rouge**	1 c. à table
	ou **blanc**	
25 ml	**jus d'orange non sucré**	2 c. à table
10 ml	**ail haché**	2 c. à thé
2	**oignons verts, émincés**	2
	sel et poivre au goût	

Vinaigrettes

Huiles et vinaigres

Dans un grand bol, mélanger la mayonnaise, l'huile d'olive, le vinaigre, le jus d'orange, l'ail et les oignons; assaisonner.

~ S U G G E S T I O N ~
Salade d'épinards au fromage de chèvre

Dans un grand bol, mélanger 1 sac d'épinards, 4 tranches de bacon cuites et émincées, 175 ml (3/4 tasse) de fromage de chèvre coupé en cubes, 125 ml (1/2 tasse) de croûtons et le zeste d'une orange. Ajouter la vinaigrette et mélanger.

Donne 4 portions

On peut remplacer l'huile d'olive par de l'huile au basilic et à la verveine
On peut remplacer le vinaigre de vin par du vinaigre à l'orange

Ajouter des croûtons
aux salades :
découper des formes
à l'emporte-pièce
dans des tranches de
pain ; les faire
doucement dorer
dans de l'huile et les
saupoudrer de persil.

Marinades

■ ■ ■

MARINADE À LA TOMATE

310 ml	**tomates en conserve broyées**	1 1/4 tasse
310 ml	**bouillon de bœuf**	1 1/4 tasse
175 ml	**vin rouge sec**	3/4 tasse
1	**oignon émincé**	1
1	**gousse d'ail émincée finement**	1
15 ml	**sauce Worcestershire**	1 c. à table
5 ml	**thym**	1 c. à thé
1	**feuille de laurier**	1
25 ml	**margarine**	2 c. à table

Dans un plat de verre, réunir tous les ingrédients de la marinade. Déposer la viande dans la marinade et bien l'enrober. Couvrir et laisser mariner 12 heures en retournant la viande 1 ou 2 fois.

~ SUGGESTION ~

1 kg (2 lb) de steak de flanc de bœuf.

~ CUISSON ~

Sur le gril, jusqu'à la cuisson désirée.

MARINADE À LA BIÈRE

Marinades

Huiles et vinaigres

1	**gros oignon coupé en rondelles**	1
2	**gousses d'ail hachées**	2
50 ml	**huile de maïs**	1/4 tasse
250 ml	**bière**	1 tasse
75 ml	**jus de citron**	1/3 tasse
25 ml	**cassonade**	2 c. à table
25 ml	**sauce Worcestershire**	2 c. à table

Réunir les ingrédients de la marinade dans un bol. Déposer la viande dans un plat de verre peu profond et l'arroser de marinade. Couvrir de papier d'aluminium, réfrigérer 6 heures ou toute la nuit. Retourner la viande de temps en temps.

~ S U G G E S T I O N ~

500 g (1 lb) de flanc de bœuf attendri.

~ C U I S S O N ~

Griller à la poêle ou sur le gril à la cuisson désirée.

On peut remplacer l'huile de maïs
par de l'huile au gingembre et à la sauge
ou de l'huile aux baies de genièvre et au laurier

Cuisson au barbecue - Pour une cuisson au bleu : sur une grille très chaude, faire griller la viande pendant 30 secondes environ, puis la faire pivoter d'un quart de tour et griller pendant 30 autres secondes pour obtenir un dessin en quadrillage. Retourner la viande et recommencer les étapes précédentes. Pour une viande saignante : quadriller la viande de la même façon, mais laisser la pièce de viande un peu plus longtemps. Le jus rosé qui suinte de la viande

MARINADE À L'ÉRABLE

4	**oignons verts hachés finement**	4
2	**gousses d'ail hachées finement**	2
50 ml	**sirop d'érable**	1/4 tasse
20 ml	**ketchup**	4 c. à thé
250 ml	**jus de pomme non sucré**	1 tasse
0,5 ml	**poudre de chili**	1/8 c. à thé
2 pincées	**cannelle moulue**	2 pincées
	poivre au goût	

Dans un plat peu profond, bien mélanger tous les ingrédients de la marinade. Déposer la viande dans le plat et bien enrober de marinade. Couvrir et réfrigérer au moins 2 heures, en tournant la viande de temps à autre.

~ S U G G E S T I O N ~

4 côtelettes de porc.

~ C U I S S O N ~

De 15 à 20 minutes sur le gril.

indique que celle-ci est saignante. Pour une cuisson à point (médium) : faire quadriller la viande, mais placer la grille plus loin de la source de chaleur. Sous la pression du doigt, la viande est tendre, mais ferme. Pour une viande bien cuite : procéder de la même façon, mais en prolongeant la cuisson jusqu'à formation d'un jus de couleur brune.

— ■ —

Marinades

Huiler et vinaigrer

MARINADE TERBIALY

Marinades

Huile et vinaigre

5 ml	**sel**	1 c. à thé
5 ml	**poivre noir moulu**	1 c. à thé
10 ml	**piment de la Jamaïque**	2 c. à thé
	(cinq-épices)	
5 ml	**sumac/semak***	1 c. à thé
5 ml	**piment rouge séché**	1 c. à thé
5	**gousses d'ail broyées**	5
5 ml	**jus de citron**	1 c. à thé
15 ml	**pâte de tomate**	1 c. à table
15 ml	**huile d'olive**	1 c. à table
1	**poivron rouge, coupé en morceaux**	1
1	**oignon espagnol, coupé en quartiers**	1

Saler et poivrer les morceaux de viande. Réserver. Dans un plat, mélanger tous les ingrédients de la marinade; y déposer les morceaux de viande et bien les enrober de marinade. Faire reposer au réfrigérateur 1 heure.

*Sumac/semak: condiment rouge employé généralement dans la salade fattouche et en vente dans les épiceries arabes.

— ■ —

Laisser reposer les viandes rouges pendant 30 minutes à la température ambiante. La cuisson en sera plus uniforme.

— ■ —

~ SUGGESTION ~

1 kg (2 lb) de filet mignon, coupé en cubes.

~ CUISSON ~

Sur le barbecue, jusqu'à la cuisson désirée.

MARINADE AU ROMARIN

4	**gousses d'ail hachées très finement**	4
2 ml	**romarin frais haché très finement**	1/2 c. à thé
2 ml	**poivre du moulin frais moulu**	1/2 c. à thé
1 pincée	**sel**	1 pincée
15 ml	**huile d'olive**	1 c. à table

Dans un petit bol, bien mélanger l'ail, le romarin, le poivre, le sel et l'huile jusqu'à l'obtention d'une pâte. Badigeonner la viande de ce mélange et laisser macérer, à la température de la pièce, pendant 2 heures.

~ S U G G E S T I O N ~

4 côtelettes de veau.

~ C U I S S O N ~

Faire griller les côtelettes au four à 180 °C (350 °F),
de 4 à 5 minutes de chaque côté.

On peut remplacer l'huile d'olive
par de l'huile au romarin et à l'ail

La température joue
un rôle essentiel dans
la cuisson de la
viande. Une
température trop
élevée la fera durcir.

MARINADE TEX-MEX

Marinades

Huiler et vinaigrer

250 ml	**ketchup aux fruits maison**	1 tasse
1	**poivron rouge haché** *ou* **broyé**	1
1	**petit poivron vert haché** *ou* **broyé**	1
5 ml	**moutarde de Dijon**	1 c. à thé
	ou **piment fort broyé**	
2	**oignons verts émincés**	2
5 ml	**ail haché**	1 c. à thé
15 ml	**vinaigre blanc**	1 c. à table
25 ml	**sauce soya**	2 c. à table
5 ml	**cumin moulu**	1 c. à thé
5 ml	**origan séché**	1 c. à thé
25 ml	**coriandre fraîche**	2 c. à table
	ou **persil frais haché**	

Dans un plat de verre, mélanger tous les ingrédients de la marinade y déposer la viande et laisser mariner au réfrigérateur de 1 à 2 heures.

~ S U G G E S T I O N ~

4 biftecks d'entrecôte.

~ C U I S S O N ~

Sur le barbecue, jusqu'à la cuisson désirée.

On peut remplacer le vinaigre blanc
par du vinaigre aux piments jalapeños

MARINADE AUX TROIS SAVEURS

Marinades

250 ml	**saké** *ou* **vin blanc sec**	1 tasse
125 ml	**sauce soya légère**	1/2 tasse
125 ml	**mirin (vin de riz doux) facultatif**	1/2 tasse
50 ml	**miel**	1/4 tasse
15 ml	**gingembre frais râpé**	1 c. à table

Huiles et vinaigres

Dans une casserole, mélanger tous les ingrédients de la marinade. Amener à ébullition et laisser réduire pendant 15 à 20 minutes. Retirer du feu et laisser refroidir. Verser dans un bol, ajouter le poulet et envelopper d'une pellicule plastique. Réfrigérer pendant 2 à 3 heures.

~ S U G G E S T I O N ~

2 demi-poitrines de poulet, désossées, sans peau.

~ C U I S S O N ~

De 12 à 15 minutes au four à 180 °C (350 °F).

Faire mariner les aliments dans un sac de plastique à fermeture hermétique est une solution de rechange pour le plat en verre.

MARINADE PIQUANTE

Marinades

500 ml	**vin rouge sec**	2 tasses
125 ml	**huile d'olive**	1/2 tasse
125 ml	**sauce soya légère**	1/2 tasse
50 ml	**cassonade**	1/4 tasse
10 ml	**gingembre moulu**	2 c. à thé
5 ml	**origan séché**	1 c. à thé
1	**gousse d'ail hachée finement**	1
2 ml	**piment fort broyé**	1/2 c. à thé

Huiles et vinaigres

*Placer la viande dans un plat de verre profond allant au four.
Dans un bol, mélanger le vin rouge, l'huile d'olive, la sauce soya,
la cassonade, le gingembre, l'origan, l'ail et le piment fort broyé.
Verser le tout sur les poulets, couvrir et laisser mariner au réfrigérateur pendant 8 heures, en les tournant à quelques reprises.*

~ S U G G E S T I O N ~

2 poulets de Cornouailles.

~ C U I S S O N ~

1 heure à 180 °C (350 °F), en arrosant fréquemment
de marinade.

On peut remplacer l'huile d'olive
par de l'huile jamaïcaine

Vous manquez de
temps ? Certaines
marinades du
commerce sont
excellentes. Cela vaut
la peine de les
essayer.

MARINADE POUR BROCHETTES DE POULET, CHAMPIGNONS ET ANANAS

50 ml	**vin blanc sec**	1/4 tasse
25 ml	**sauce Worcestershire**	2 c. à table
5 ml	**thym séché**	1 c. à thé
1	**gousse d'ail, hachée finement**	1
50 ml	**bouillon de poulet dégraissé**	1/4 tasse

Dans un bol, réunir le vin blanc, la sauce Worcestershire, le thym, l'ail et le bouillon de poulet. Ajouter des cubes de poulet, des champignons et des cubes d'ananas; poivrer au goût. Couvrir et faire mariner au réfrigérateur au moins 2 heures.

~ C U I S S O N ~

Sur le barbecue pendant 8 à 12 minutes.

Huiler et vinaigres

MARINADE À LA BIÈRE

341 ml	**bière**	12 oz
25 ml	**huile d'olive**	2 c. à table
50 ml	**jus d'orange non sucré**	1/4 tasse
25 ml	**miel de trèfle**	2 c. à table
25 ml	**mélasse**	2 c. à table
25 ml	**tamari**	2 c. à table
	sauce aux poivrons rouges	
	piquante au goût	
	zeste de 2 oranges	

Dans un bol, mélanger la bière, l'huile d'olive, le jus d'orange, le miel, la mélasse, le tamari, la sauce aux poivrons rouges et les zestes d'orange. Ajouter le poulet et laisser mariner au réfrigérateur de 1 à 2 heures.

~ S U G G E S T I O N ~

750 g (1 1/2 lb) de hauts de cuisses coupés en deux.

~ C U I S S O N ~

Monter les morceaux de poulet sur des brochettes et cuire sur le barbecue de 12 à 15 minutes.

On peut remplacer l'huile d'olive
par de l'huile au poivron rouge

Faire griller le poulet sous une flamme d'intensité moyenne ; il sera croustillant à l'extérieur et bien cuit à l'intérieur.

MARINADE AUX BAIES DE GENIÈVRE

	Poivre au goût	
	Sarriette séchée au goût	
50 ml	**huile d'olive**	1/4 tasse
25 ml	**vinaigre de fruits**	2 c. à table
3	**branches de thym**	3
5	**baies de genièvre**	5
1/2	**carotte coupée en rondelles**	1/2
1/2	**oignon coupé en rondelles**	1/2

Dans un plat peu profond, réunir l'huile, le vinaigre de fruits, le thym, les baies de genièvre, les rondelles de carotte et d'oignon. Déposer la viande et mariner au réfrigérateur de 2 à 3 heures.

~ S U G G E S T I O N ~

8 cailles.

~ C U I S S O N ~

Préchauffer le four à 220 °C (425 °F). Enfourner les cailles et réduire le feu à 180 °C (350 °F). Cuire de 12 à 15 minutes.

On peut remplacer l'huile d'olive
par de l'huile aux baies de genièvre et au laurier
On peut remplacer le vinaigre de fruits par
du vinaigre aux fraises des bois ou du vinaigre aux groseilles
et aux framboises

Marinades

Huiles et vinaigres

MARINADE À LA BIÈRE ET À L'ÉRABLE

341 ml	**bière**	12 oz
125 ml	**sirop d'érable**	1/2 tasse
25 ml	**tamari**	2 c. à table
5 ml	**gingembre frais râpé**	1 c. à thé
2 ml	**coriandre fraîche moulue**	1/2 c. à thé
15 ml	**huile d'olive**	1 c. à table

Dans une casserole, chauffer la bière, le sirop d'érable, le tamari, le gingembre et la coriandre. Laisser réduire de moitié; verser dans un grand bol et refroidir. Ajouter le poulet et laisser mariner au réfrigérateur 24 heures.

~ S U G G E S T I O N ~

750 g (1 1/2 lb) de poitrine de poulet désossée,
sans la peau.

~ C U I S S O N ~

De 12 à 15 minutes au four à 180 °C (350 °F).

On peut remplacer l'huile d'olive
par de l'huile au gingembre et à la sauge

Choisissez votre
marque de bière
préférée. Vous aimez
mieux la bière
brune ? Elle donnera
un goût plus corsé à
la marinade.

MARINADE CITRON-LIME

75 ml	huile d'olive	1/3 tasse
	jus de 1 lime	
	jus de 1 citron	
1	piment de Cayenne fort haché	1
1	gousse d'ail hachée finement	1
5 ml	coriandre moulue	1 c. à thé
	sel et poivre du moulin au goût	

Dans un bol, mélanger l'huile d'olive, les jus de lime et de citron, le piment fort haché, l'ail et la coriandre. Assaisonner et verser le tout sur le poulet. Couvrir et laisser mariner pendant 2 heures.

~ S U G G E S T I O N ~

4 poitrines de poulet.

~ C U I S S O N ~

Sur le gril du barbecue pendant 5 minutes
de chaque côté.

On peut remplacer l'huile d'olive
par de l'huile au thym et aux deux citrons

Réserver une petite
quantité de
marinade pour
badigeonner la
viande au cours
de la cuisson.

MARINADE ROSÉE

75 ml	**pâte de tomates**	1/3 tasse
45 ml	**vermouth blanc sec**	3 c. à table
	ou **vin blanc**	
	jus de 1/2 citron	
25 ml	**sauce Worcestershire**	2 c. à table
25 ml	**mélasse**	2 c. à table
2 ml	**poivre noir**	1/2 c. à thé
5 ml	**moutarde de Dijon**	1 c. à thé
5 ml	**sauce Chili**	1 c. à thé
5 ml	**paprika**	1 c. à thé
25 ml	**huile de maïs**	2 c. à table

Dans un grand bol, mélanger tous les ingrédients. Ajouter le poulet. Couvrir et réfrigérer 1 heure.

~ S U G G E S T I O N ~

6 à 8 tournedos de poulet.

~ C U I S S O N ~

Envelopper les tournedos individuellement dans du papier d'aluminium. Cuire sur le gril de 12 à 15 minutes ; retourner de temps à autre.

On peut remplacer l'huile de maïs
par de l'huile mexicaine

MARINADE À L'OIGNON VERT

4	**oignons verts émincés**	4
25 ml	**sauce soya légère**	2 c. à table
15 ml	**sauce hoisin***	1 c. à table
15 ml	**sauce chili**	1 c. à table
15 ml	**sherry** *ou* **vermouth blanc sec**	1 c. à table
75 ml	**farine de maïs**	1/3 tasse
1	**blanc d'œuf**	1

Dans un bol, réunir tous les ingrédients du mélange à mariner et à frire et y déposer les morceaux de poulet. Bien mélanger; couvrir et réserver au réfrigérateur, de préférence pendant toute une nuit.

*On peut se procurer de la sauce hoisin dans les boutiques d'alimentation chinoise.

~ S U G G E S T I O N ~

1 poitrine de poulet sans peau, désossée et coupée
en gros morceaux.

~ C U I S S O N ~

Frire dans l'huile jusqu'à ce que les morceaux
soient tendres et croustillants.

Marinades

Huiles et vinaigres

MARINADE À LA GRECQUE

Marinades

125 ml	**yogourt brassé nature**	1/2 tasse
50 ml	**persil frais haché**	1/4 tasse
50 ml	**vin blanc sec**	1/4 tasse
	jus frais de 1 citron	
25 ml	**origan**	2 c. à table
15 ml	**poudre d'ail**	1 c. à table
5 ml	**poivre noir**	1 c. à thé

Volaille et vinaigre

Dans un bol, réunir tous les ingrédients sauf le poulet. Bien mélanger; réserver. Placer le poulet dans un grand plat de verre; couvrir de sauce. Laisser mariner au réfrigérateur 2 heures en retournant le poulet de temps en temps. Égoutter et réserver la sauce.

~ S U G G E S T I O N ~

2 poitrines de poulet sans peau, désossées
et coupées en cubes.

~ C U I S S O N ~

Enfiler le poulet sur des brochettes. Cuire au barbecue
ou au four à 220 °C (425 °F) environ 15 minutes.

— ▧ —

Il est préférable de
faire décongeler la
viande et la volaille
au réfrigérateur.

— ▧ —

MARINADE JAMAÏCAINE

1/2	**oignon haché**	1/2
1	**gousse d'ail hachée**	1
1/2	**piment fort haché**	1/2
50 ml	**jus d'orange**	1/4 tasse
15 ml	**sauce soya**	1 c. à table
5 ml	**huile d'olive**	1 c. à thé
5 ml	**vinaigre de vin rouge**	1 c. à thé
5 ml	**piment de la Jamaïque**	1 c. à thé
5 ml	**thym**	1 c. à thé
5 ml	**sucre**	1 c. à thé
5 ml	**poivre noir**	1 c. à thé
1 ml	**cannelle**	1/4 c. à thé
1 ml	**muscade**	1/4 c. à thé
	Tabasco (quelques gouttes)	

Déposer le poulet dans un plat de verre. Mélanger les ingrédients de la marinade au robot culinaire ou au mélangeur. Verser sur les morceaux de poulet en prenant soin de bien les enrober. Couvrir et réfrigérer toute une nuit.

~ S U G G E S T I O N ~

2 tournedos de poulet.

~ C U I S S O N ~

Sur le barbecue ou au four à 230 °C (450 °F) de 20 à 25 minutes.

On peut remplacer l'huile d'olive par de l'huile jamaïcaine
On peut remplacer le vinaigre de vin
par du vinaigre aux piments jalapeños

MARINADE ASIATIQUE

25 ml	**huile d'olive**	2 c. à table
25 ml	**sauce hoisin***	2 c. à table
	ou **sauce soya légère**	
15 ml	**ail frais haché**	1 c. à table
2 ml	**gingembre moulu**	1/2 c. à thé
1	**oignon vert haché**	1

Dans un bol, mélanger les ingrédients de la marinade. Incorporer le porc et laisser mariner quelques heures au réfrigérateur.

*On peut se procurer de la sauce hoisin dans les boutiques d'alimentation chinoise.

~ SUGGESTION ~

500 g (1 lb) de lanières de porc (dans la longe).

— ▩ —

Il est préférable de faire mariner les aliments dans un plat en verre. Le métal est à proscrire, car il peut communiquer un goût métallique aux aliments.

— ▩ —

~ CUISSON ~

Enfiler les lanières sur des brochettes.
Cuire au four à 200 °C (400 °F)
de 8 à 10 minutes.

On peut remplacer l'huile d'olive
par de l'huile au gingembre et à la sauge
ou de l'huile au romarin et à l'ail

MARINADE PROVENÇALE

25 ml	**romarin frais haché**	2 c. à table
1	**gousse d'ail hachée**	1
2	**tomates épépinées et coupées en petits dés**	2
25 ml	**moutarde de Dijon**	2 c. à table
50 ml	**vin blanc sec**	1/4 tasse
50 ml	**vinaigre de vin blanc**	1/4 tasse
50 ml	**huile d'olive**	1/4 tasse
	sel et poivre du moulin au goût	

Dans un bol, mélanger le romarin, l'ail, les tomates, la moutarde de Dijon, le vin blanc, le vinaigre et l'huile d'olive. Assaisonner. Couvrir et laisser mariner 24 heures au réfrigérateur.

~ S U G G E S T I O N ~

8 côtelettes de porc.

~ C U I S S O N ~

Sur le gril, 5 minutes de chaque côté.

On peut remplacer l'huile d'olive
par de l'huile au romarin et à l'ail
On peut remplacer le vinaigre de vin blanc
par du vinaigre provençal

Marinades

Huiles et vinaigres

Marinades

Huiles et vinaigres

MARINADE AIGRE-DOUCE

250 ml	**jus d'orange non sucré**	1 tasse
25 ml	**huile d'olive**	2 c. à table
50 ml	**purée de tomate**	1/4 tasse
125 ml	**cassonade**	1/2 tasse
25 ml	**mélasse**	2 c. à table
2	**oignons verts coupés en rondelles**	2
25 ml	**persil frais haché**	2 c. à table

Dans un grand bol, mélanger tous les ingrédients de la marinade. Ajouter la viande et laisser mariner 24 heures au réfrigérateur.

~ S U G G E S T I O N ~

8 côtelettes de porc.

~ C U I S S O N ~

De 1 h à 1 h 15 au four à 190 °C (375 °F).

On peut remplacer l'huile d'olive par de l'huile au poivron rouge

— ■ —

Toujours
préchauffer le four
avant de l'utiliser.

— ■ —

MARINADE À LA CORIANDRE

45 ml	**huile d'olive**	3 c. à table
2 ml	**ail haché**	1/2 c. à thé
25 ml	**gingembre frais haché**	2 c. à table
50 ml	**coriandre fraîche ciselée**	1/4 tasse
45 ml	**sauce hoisin*** *ou* **soya**	3 c. à table
45 ml	**miel**	3 c. à table
	quelques zestes d'orange	
	poivre au goût	

Marinades

Dans un petit bol, mélanger tous les ingrédients de la marinade. Mettre la viande dans un bol, couvrir de marinade, réfrigérer 2 à 3 heures.

*On peut se procurer de la sauce hoisin dans les boutiques d'alimentation chinoise.

~ S U G G E S T I O N ~

300 g (10 1/2 oz) de longe de porc, coupée en lanières.

~ C U I S S O N ~

Enfiler la viande sur des brochettes. Cuire sur le barbecue ou au four à 180 °C (350 °F), 2 minutes de chaque côté.

On peut remplacer l'huile d'olive par de l'huile asiatique

Huile et vinaigre

Marinades

Huiles et vinaigres

MARINADE DE LA LOUISIANE

25 ml	**huile de maïs**	2 c. à table
15 ml	**jus de limette**	1 c. à table
15 ml	**mélasse** *ou* **cassonade**	1 c. à table
15 ml	**jus de citron**	1 c. à table
25 ml	**jus d'orange non sucré**	2 c. à table
	poivre de Cayenne au goût	
5 ml	**graines de coriandre moulues**	1 c. à thé
5 ml	**piment de la Jamaïque**	1 c. à thé
15 ml	**aneth haché**	1 c. à table

Réunir tous les ingrédients de la marinade. Ajouter la viande. Laisser reposer à couvert au réfrigérateur de 2 à 3 heures.

~ S U G G E S T I O N ~

350 g (1 1/2 lb) de jambon précuit, coupé en 20 cubes.

On peut remplacer l'huile de maïs par de l'huile jamaïcaine

— ▪ —

Faire tremper les brochettes de bois dans l'eau durant 30 minutes avant de les utiliser ; elles résisteront mieux à la chaleur.

— ▪ —

MARINADE À LA BIÈRE

341 ml	**bière rousse**	12 oz
25 ml	**soya légère** *ou* **tamari**	2 c. à table
15 ml	**vinaigre de riz** *ou* **blanc**	1 c. à table
125 ml	**jus d'orange non sucré**	1/2 tasse
25 ml	**cassonade**	2 c. à table
2 ml	**graines de coriandre moulues**	1/2 c. à thé
5 ml	**gingembre frais haché**	1 c. à thé
5 ml	**ail haché**	1 c. à thé
	zeste de 1 citron	
	zeste de 1 orange	
	cumin moulu	
	sauce Tabasco au goût	

Marinades

Huiles et vinaigres

Dans un bol, mélanger tous les ingrédients de la marinade. Déposer le porc dans la marinade. Couvrir et déposer au réfrigérateur ; laisser mariner de 2 à 3 heures.

~ S U G G E S T I O N ~
500 g (1 lb) de longe de porc, coupée en lanières.

~ C U I S S O N ~
Enfiler la viande sur des brochettes.
Cuire au four à 180 °C (350 °F), 2 minutes de chaque côté.

On peut remplacer le vinaigre de riz ou blanc
par du vinaigre à la coriandre

MARINADE AU CURCUMA ET AU CARI

Marinades

375 ml	**jus d'orange non sucré**	1 1/2 tasse
25 ml	**tamari**	2 c. à table
15 ml	**miel**	1 c. à table
5 ml	**moutarde sèche**	1 c. à thé
2 ml	**cari**	1/2 c. à thé
5 ml	**curcuma**	1 c. à thé
2 ml	**gingembre moulu**	1/2 c. à thé

Huiles et vinaigres

Dans un bol, mélanger le jus d'orange, le tamari, le miel, la moutarde sèche, le cari, le curcuma et le gingembre. Ajouter le porc et laisser mariner 1 à 2 heures.

~ S U G G E S T I O N ~

500 g (1 lb) de filets ou de longe de porc,
coupés en lanières.

~ C U I S S O N ~

Faire sauter dans la poêle.

— ▦ —

Conserver les fines
herbes et les épices
dans un endroit
sombre et frais.

— ▦ —

MARINADE À L'ORANGE

25 ml	huile d'olive	2 c. à table
250 ml	jus d'orange non sucré	1 tasse
15 ml	jus de citron	1 c. à table
25 ml	cassonade	2 c. à table
5 ml	gingembre frais râpé	1 c. à thé
2 ml	graines de coriandre moulues	1/2 c. à thé
15 ml	curcuma	1 c. à table

Dans un bol, mélanger l'huile, le jus d'orange, le jus de citron, la cassonade, le gingembre, la coriandre et le curcuma. Couvrir et laisser mariner 1 ou 2 heures.

~ S U G G E S T I O N ~

8 côtelettes de porc.

~ C U I S S O N ~

Dans une poêle, de 2 à 3 minutes chaque côté.

On peut remplacer l'huile d'olive
par de l'huile asiatique ou de l'huile provençale

Marinades

Huiles et vinaigres

MARINADE AU GINGEMBRE

Marinades

Huiles et vinaigres

65 ml	**marmelade de citron** *ou* **d'orange**	1/4 tasse
30 ml	**xérès** *ou* **sherry**	2 c. à table
30 ml	**gingembre frais haché**	2 c. à table
10 ml	**ail haché**	2 c. à thé
10 ml	**moutarde de Dijon**	2 c. à thé
10 ml	**sauce soya légère**	2 c. à thé
10 ml	**huile de sésame** *ou* **végétale**	2 c. à thé
5 ml	**zeste de citron râpé**	1 c. à thé

Dans un plat allant au four, mélanger la marmelade, le xérès ou le sherry, le gingembre, l'ail, la moutarde, la sauce soya, l'huile et le zeste de citron. Ajouter la viande et bien l'enrober. Couvrir et réfrigérer au moins 4 heures.

~ S U G G E S T I O N ~

Rôti de porc désossé de 750 g (1 1/2 lb).

~ C U I S S O N ~

Au four à 180 °C (350 °F), de 1 1/2 à 2 heures.

— ■ —

Un thermomètre
à viande est
indispensable pour
vérifier la cuisson
des grosses pièces de
viande.

— ■ —

Marinades

Huile et vinaigre

MARINADE À LA BORDELAISE

25 ml	cumin moulu	2 c. à table
25 ml	coriandre moulue	2 c. à table
15 ml	romarin moulu	1 c. à table
15 ml	poudre d'ail	1 c. à table
5 ml	sel de mer fin	1 c. à thé
5 ml	poivre noir moulu	1 c. à thé
75 ml	jus de lime fraîche	1/3 tasse
50 ml	huile d'olive	1/4 tasse
15 ml	huile de maïs	1 c. à table
5 ml	sauce Worcestershire	1 c. à thé

Dans un plat, bien mélanger le cumin, la coriandre, le romarin, la poudre d'ail, le sel, le poivre, le jus de lime, l'huile d'olive, l'huile de maïs et la sauce Worcestershire, jusqu'à l'obtention d'une pâte. Enrober la viande de ce mélange et laisser mariner à la température de la pièce pendant 4 heures.

~ SUGGESTION ~
1 gigot d'agneau désossé d'environ
1,5 kg (3 lb).

~ CUISSON ~
De 40 à 50 minutes à 180 °C (350 °F).

On peut remplacer l'huile d'olive
par de l'huile au gingembre et à la sauge

— ▪ —
Ajouter des brins de
romarin aux braises
du barbecue en
faisant cuire de
l'agneau.
— ▪ —

MARINADE À LA CALIFORNIENNE

Marinades

Huiles et vinaigres

15 ml	**beurre** *ou* **margarine**	1 c. à table
1	**oignon haché finement**	1
25 ml	**bouillon de légumes concentré**	2 c. à table
25 ml	**pâte de tomate**	2 c. à table
1	**morceau de gingembre (2,5 cm/1 po) râpé**	1
10 ml	**cassonade**	2 c. à thé
10 ml	**huile d'olive**	2 c. à thé
	jus et zeste de 1 orange	

Dans une poêle, faire fondre le beurre ou la margarine et y sauter l'oignon jusqu'à ce qu'il ait ramolli. Ajouter le bouillon de légumes, la pâte de tomate, le gingembre, la cassonade, l'huile d'olive, le zeste et le jus d'orange. Mijoter à découvert de 7 à 8 minutes ou jusqu'à ce que la sauce ait réduit du quart. Laisser refroidir et verser dans un plat peu profond. Enrober la viande de la sauce. Couvrir et réfrigérer de 6 à 12 heures.

~ S U G G E S T I O N ~

6 côtelettes d'agneau.

~ C U I S S O N ~

De 15 à 20 minutes sur le gril.

On peut remplacer l'huile d'olive
par de l'huile au gingembre et à la sauge

MARINADE AU ROMARIN

25 ml	**huile d'olive** *ou* **végétale**	2 c. à table
10 ml	**zeste de citron**	2 c. à thé
50 ml	**vin rouge sec**	1/4 tasse
2	**gousses d'ail hachées finement**	2
2 ml	**romarin séché**	1/2 c. à thé
	poivre au goût	

Marinades

*Dans un plat réunir l'huile, le zeste de citron, le vin rouge, l'ail,
le romarin et le poivre, bien mélanger. Y déposer la viande et bien
l'enrober de marinade. Couvrir et réfrigérer de 1 1/2 à 2 heures
en prenant soin de la retourner fréquemment.*

Huiles et vinaigres

~ S U G G E S T I O N ~

4 à 6 côtelettes d'agneau maigre.

~ C U I S S O N ~

De 5 à 6 minutes de chaque côté sur la grille
du haut à 200 °C (400 °F).

On peut remplacer l'huile d'olive
par de l'huile au romarin et à l'ail

— ■ —

Après avoir utilisé un
moulin à café pour
moudre des épices,
on peut supprimer
l'odeur qui subsiste
en y broyant
quelques morceaux
de pain.

— ■ —

MARINADE AUX FINES HERBES ET À L'ÉRABLE

Marinades

Huile et vinaigre

125 ml	**huile d'olive**	1/2 tasse
250 ml	**bouillon de poulet dégraissé**	1 tasse
25 ml	**mélasse**	2 c. à table
125 ml	**sirop d'érable**	1/2 tasse
125 ml	**ketchup**	1/2 tasse
15 ml	**vinaigre blanc**	1 c. à table
5 ml	**thym séché**	1 c. à thé
5 ml	**brindilles de romarin hachées**	1 c. à thé
5 ml	**origan séché**	1 c. à thé
15 ml	**persil frais haché**	1 c. à table
	sel et poivre au goût	

Dans un bol, mélanger l'huile, le bouillon de poulet, la mélasse, le sirop d'érable, le ketchup, le vinaigre, le thym, le romarin, l'origan et le persil; assaisonner. Verser sur la viande; couvrir et laisser mariner, si possible quelques heures.

~ S U G G E S T I O N ~

Gigot d'agneau désossé de 2 kg (4 lb).

~ C U I S S O N ~

1 heure environ sur le tournebroche du barbecue.

On peut remplacer l'huile d'olive par de l'huile provençale
On peut remplacer le vinaigre blanc par du vinaigre provençal

Marinades

MARINADE À LA MÉLASSE

125 ml	**mélasse**	1/2 tasse
15 ml	**cassonade**	1 c. à table
5 ml	**ail haché**	1 c. à thé
25 ml	**coriandre fraîche hachée**	2 c. à table
	ou	
5 ml	**graines de coriandre moulues**	1 c. à thé

Dans un bol, mélanger la mélasse, la cassonade, l'ail et la coriandre. Ajouter le poisson ou les fruits de mer et laisser mariner de 3 à 4 heures.

~ SUGGESTION ~

4 darnes de saumon, désossées et
ficelées en tournedos.

~ CUISSON ~

De 10 à 12 minutes au four à 190 °C (375 °F).

— ▦ —

Il est préférable de
consommer le poisson
le jour même de son
achat.

— ▦ —

Huiles et vinaigres

MARINADE AUX FINES HERBES

Marinades

50 ml	**huile d'olive**	1/4 tasse
15 ml	**jus de citron**	1 c. à table
25 ml	**basilic frais haché**	2 c. à table
	ou	
2 ml	**origan séché**	1/2 c. à thé
25 ml	**persil frais haché**	2 c. à table

Dans un bol, mélanger l'huile, le jus de citron, le basilic, l'origan et le persil. Incorporer le poisson ou les fruits de mer; assaisonner et laisser mariner de 1 à 2 heures au réfrigérateur.

~ S U G G E S T I O N ~

750 g (1 1/2 lb) de filets de dorade coupés en 4 portions.

~ C U I S S O N ~

Sur le gril, de 5 à 10 minutes.

On peut remplacer l'huile d'olive par de l'huile provençale

Huiler et vinaigrer

MARINADE À L'ANIS

25 ml	**huile d'olive**	2 c. à table
	jus de 1 citron	
2 ml	**poudre de cari**	1/2 c. à thé
5 ml	**thym frais haché**	1 c. à thé
50 ml	**liqueur d'anis**	1/4 tasse

Dans un bol, mélanger l'huile, le jus de citron, la poudre de cari, le thym et la liqueur d'anis. Ajouter le poisson ou les fruits de mer. Laisser mariner pendant 15 minutes à la température ambiante.

~ S U G G E S T I O N ~

Cubes de thon de 2,5 cm (1 po) chacun.

~ C U I S S O N ~

Enfiler le poisson sur des brochettes.
Cuire sur le barbecue.

On peut remplacer l'huile d'olive par de l'huile
à l'aneth et à l'anis

Marinades

Huiles et vinaigres

—▦—

Pour rehausser le
goût des poissons
pendant la cuisson,
ajouter de la
citronnelle, des
feuilles de laurier ou
du fenouil aux
braises du barbecue.

—▦—

MARINADE POUR CARPACCIO

250 ml	**huile d'olive**	1 tasse
50 ml	**sel de mer**	1/4 tasse
125 ml	**poivre noir fraîchement concassé**	1/2 tasse
125 ml	**aneth frais haché**	1/2 tasse

Dans un plat, déposer le saumon, la peau en dessous. Napper d'huile d'olive et saupoudrer de sel, de poivre et d'aneth. Recouvrir le plat d'une pellicule plastique et laisser mariner au réfrigérateur 24 à 48 heures.

~ S U G G E S T I O N ~

500 g (1 lb) de filet de saumon de l'Atlantique,
la peau enlevée d'un côté.

~ S E R V I C E ~

Couper le saumon en fines tranches et servir
avec une sauce à base de crème sure, de jus
de citron et de ciboulette.

On peut remplacer l'huile d'olive
par de l'huile au homard

MARINADE AUX AGRUMES

50 ml	**jus d'orange frais**	1/4 tasse
5 ml	**zeste d'orange**	1 c. à thé
50 ml	**jus de citron frais**	1/4 tasse
5 ml	**zeste de citron**	1 c. à thé
50 ml	**jus de lime frais**	1/4 tasse
5 ml	**zeste de lime**	1 c. à thé
1	**oignon râpé**	1
5 ml	**miel**	1 c. à thé
45 ml	**huile d'olive**	3 c. à table
	quelques gouttes de sauce Tabasco	
1 pincée	**poivre blanc**	1 pincée

Déposer le poisson ou les fruits de mer dans un plat peu profond. Dans un bol, combiner tous les autres ingrédients et verser sur le poisson ou les fruits de mer. Couvrir d'une pellicule plastique et faire mariner au moins 1 heure au réfrigérateur, en prenant soin de retourner le poisson une fois.

~ S U G G E S T I O N ~

4 darnes de saumon.

~ C U I S S O N ~

Sur le gril, de 5 à 7 minutes de chaque côté.

On peut remplacer l'huile d'olive
par de l'huile au thym et aux deux citrons

— ▨ —

Garder un
vaporisateur d'eau
à portée de main
pour étouffer les
flammes du
barbecue.

— ▨ —

MARINADE DE CATHAY

1	**lime**	1
125 ml	**vin blanc sec**	1/2 tasse
5 ml	**gingembre frais râpé**	1 c. à thé
2	**gousses d'ail hachées**	2
2 ml	**flocons de piment fort**	1/2 c. à thé
25 ml	**cassonade tassée**	2 c. à table
15 ml	**sauce soya légère**	1 c. à table
5 ml	**fécule de maïs**	1 c. à thé

Râper le zeste de la lime puis extraire le jus (45 ml/3 c. à soupe). Mélanger le vin, le zeste et le jus de lime, le gingembre, l'ail, les flocons de piment fort, la cassonade, la sauce soya et la fécule de maïs. Ajouter les lanières de poisson et remuer pour bien les enrober. Laisser mariner 30 minutes à la température ambiante ou placer à couvert au réfrigérateur durant 8 heures (tourner de temps en temps).

~ S U G G E S T I O N ~

500 g (1 lb) de filets de sébaste, de morue ou de turbot, coupés en lanières.

~ C U I S S O N ~

Enfiler le poisson sur des brochettes. Faire griller de 8 à 10 cm (3 ou 4 po) du gril pendant 7 à 8 minutes.

MARINADE PIQUANTE

2	**piments de Cayenne rouges forts hachés finement**	2
3	**gousses d'ail hachées finement**	3
50 ml	**jus de citron**	1/4 tasse
50 ml	**huile d'olive**	1/4 tasse
1	**enveloppe de mélange pour assaisonnement pour taco**	1
25 ml	**coriandre**	2 c. à table
	ou **persil frais haché**	
	sel et poivre du moulin au goût	

Dans un plat de verre rectangulaire, mélanger le piment fort, l'ail, le jus de citron, l'huile d'olive, le mélange pour assaisonnement, la coriandre ou le persil. Déposer le poisson ou les fruits de mer dans la marinade en les enrobant bien. Couvrir et laisser mariner au réfrigérateur 2 heures.

~ S U G G E S T I O N ~

20 crevettes géantes décortiquées.

~ C U I S S O N ~

Enfiler les crevettes sur des brochettes.
Cuire sur le barbecue, de 3 à 5 minutes de chaque côté.

On peut remplacer l'huile d'olive
par de l'huile mexicaine

MARINADE AU MIEL

Marinades

50 ml	**miel**	1/4 tasse
25 ml	**graines de moutardes écrasées**	2 c. à table
15 ml	**vinaigre balsamique** *ou* **vin rouge**	1 c. à table
5 ml	**cumin moulu**	1 c. à thé
5 ml	**coriandre moulue**	1 c. à thé
5 ml	**piment de Cayenne moulu**	1 c. à thé

Dans un plat de verre rectangulaire, bien mélanger le miel, la moutarde, le vinaigre, le cumin, la coriandre et le piment de Cayenne. Ajouter le poisson ou les fruits de mer et bien les enrober du mélange. Couvrir et laisser mariner au réfrigérateur de 1 à 2 heures.

~ S U G G E S T I O N ~

750 g (1 1/2 lb) de filets de saumon coupés en portions.

~ C U I S S O N ~

Sur le barbecue, jusqu'à ce que la chair soit tendre et opaque.

On peut remplacer le vinaigre balsamique ou le vin rouge par du vinaigre à la vanille

— ▦ —

Les épices moulues perdent rapidement leur saveur. Il est préférable de les acheter par petites quantités et de les utiliser au plus tard dans les six mois.

— ▦ —

MARINADE À LA CASSONADE

25 ml	**gros sel**	2 c. à table
25 ml	**poivre noir concassé**	2 c. à table
25 ml	**cassonade**	2 c. à table
50 ml	**aneth haché grossièrement**	1/4 tasse
25 ml	**cognac**	2 c. à table
25 ml	**huile d'olive vierge**	2 c. à table

Mélanger les quatre premiers ingrédients et en verser la moitié dans un plat de verre rectangulaire. Arroser le poisson ou les fruits de mer de cognac, puis badigeonner d'huile d'olive. Déposer le poisson ou les fruits de mer dans le plat de verre ; recouvrir du reste du mélange. Couvrir le plat d'une pellicule de plastique et déposer un poids dessus. Laisser mariner 48 heures au réfrigérateur. Retourner toutes les 12 heures. Jeter le jus qui se forme durant le marinage.

~ S U G G E S T I O N ~

500 g (1 lb) de filets de saumon de l'Atlantique sans arêtes.

~ S E R V I C E ~

Trancher finement et servir sur du pain grillé.

On peut remplacer l'huile d'olive par de l'huile à l'aneth et à l'anis

MARINADE À LA MOUTARDE

Marinades

Huile et vinaigre

25 ml	**moutarde de Dijon**	2 c. à table
25 ml	**échalotes françaises émincées**	2 c. à table
15 ml	**huile de maïs**	1 c. à table
25 ml	**jus de citron**	2 c. à table
375 ml	**vin blanc sec**	1 1/2 tasse
25 ml	**persil frais haché**	2 c. à table
	sel et poivre au goût	

Dans un grand bol, mélanger la moutarde, les échalotes, l'huile de maïs, le jus de citron, le vin blanc et le persil; assaisonner. Ajouter le poisson ou les fruits de mer. Couvrir et mariner pendant 1 heure au réfrigérateur.

~ S U G G E S T I O N ~

4 darnes de thon.

~ C U I S S O N ~

De 20 à 25 minutes au four à 200 °C (400 °F).

On peut remplacer l'huile de maïs
par de l'huile à l'échalote française et au poivre

— ▪ —

C'est l'épaisseur du poisson et non son poids qui détermine le temps de cuisson.

— ▪ —

MARINADE À L'ÉRABLE

5 ml	**cumin moulu**	1 c. à thé
5 ml	**cari moulu**	1 c. à thé
2 ml	**graines de coriandre moulues**	1/2 c. à thé
15 ml	**sucre d'érable**	1 c. à table
25 ml	**huile d'olive**	2 c. à table
1	**oignon vert émincé**	1

Dans un bol, mélanger le cumin, le cari, les graines de coriandre, le sucre d'érable, l'huile d'olive, l'oignon vert et le poisson ou les fruits de mer. Laisser mariner de 1 à 2 heures au réfrigérateur.

~ S U G G E S T I O N ~
24 pétoncles.

~ C U I S S O N ~
De 3 à 5 minutes au four à 200 °C(400 °F).
Les retourner à mi-cuisson.

On peut remplacer l'huile d'olive par de l'huile
à l'échalote française et au poivre

— ▩ —

Ne pas conserver la
marinade plus d'une
journée.

— ▩ —

140

MARINADE SIERRA MADRE

Marinades

Huile et vinaigre

50 ml	**huile d'olive**	1/4 tasse
125 ml	**vin blanc sec**	1/2 tasse
50 ml	**jus de lime frais**	1/4 tasse
50 ml	**coriandre fraîche hachée**	1/4 tasse
	ou **persil frais haché**	
1 pincée	**piment de la Jamaïque**	1 pincée
	moulu poivre du moulin	
	au goût	

Dans un bol, mélanger l'huile d'olive, le vin blanc, le jus de lime, la coriandre, le piment de la Jamaïque et le poivre. Déposer le poisson ou les fruits de mer dans un plat de verre et verser la marinade dessus. Couvrir et laisser mariner pendant au moins trois heures ou, mieux encore, toute la nuit.

~ SUGGESTION ~

750 g (1 1/2 lb) de crevettes décortiquées.

~ CUISSON ~

Enfiler les crevettes sur des brochettes.
Sur le gril, cuire 3 minutes de chaque côté.

On peut remplacer l'huile d'olive
par de l'huile jamaïcaine

— ▩ —

Pour rehausser la
saveur des fines
herbes, passez-les à
la poêle à feu vif
pendant une ou deux
minutes en remuant
sans arrêt. Utilisez
une poêle à fond
épais, et bien sèche.

— ▩ —

Index

Huiles et vinaigres

142

Index